〝看板メニュー〟で繁盛飲食店にする法

宮内 海
Kai Miyauchi

同文館出版

はじめに

私たちがふだん、何気なく使っている「看板メニュー」とは何でしょうか?

私は、店側が「わざわざ売って」いて、お客様が「わざわざ食べに来る」、この二つができている商品が看板メニューであると考えています。そして、その看板メニューは一つの店舗に通常2品はあります。

これが、本書独自の「看板メニュー」の捉え方です。

私は今まで、100社近い飲食店の看板メニューづくりに、コンサルタントとして携わってきました。さまざまな看板メニューがありましたが、

①販売個数トップの看板メニューがある

②粗利貢献トップの、もう一つの看板メ ニューもある

③売上構成比でそれぞれ、①が7%、②が11%以上である

この三つを満たす店が繁盛飲食店であることに気がつきました。もちろん、両方を兼ねた1品を持つ店もあります。

本書は、その繁盛飲食店になるための方法を手順化して書いていったもので、順番にやっていっていただければ、店に大きな変化が訪れるはずです。

看板メニューは、外から持ってくるものではなく、その候補は自店の中にすでにあります。その商品を見出して上手に育てていけば、どんな店でも、売上120~150%へのアップは可能です。

たった2品ですが、これができるようになると売上アップはもちろん、地域で自信を持って自分流の店舗経営ができるようになります。

よく、流行のメニューだけでかためている店を見かけますが、一時的には繁盛しても、長くは続かないのが現状です。

しかし、流行メニューが悪いわけではなく、先の①〜③を満たす看板メニューを意識的につくり上げていきながら、そのうえでその時々に入れ替わる流行メニューがあれば、お客様は「いつ行っても新鮮な店」と感じ、繁盛は長く続きます。

要は、お客様に一目置かせる看板メニューがあるかどうかが大切なのです。

多くの飲食店ではその仕掛ができていないため、私は実にもったいないと感じています。

商品を仕入れて売るだけでなく、調理することで、もともとどこにもない料理がつくれるのですから、どの店もオンリーナンバーワンの看板メニューづくりに挑戦していただきたいものです。

しかし、オンリーワンだけを言っていても自己満足になってしまいます。

ですから、漠然と「繁盛したい」と思うのではなく、具体的に自店のメニューの中から決めた1品を店舗のメニューの中でナンバーワンに、そして地域ナンバーワンにしていくことで、お客様がわざわざ足を運んで食べにきてくれる地域一番飲食店になっていくのです。

さあ一緒に、看板メニューでどこにも負けない店をつくっていきましょう。

私は現在、飲食店の経営コンサルタントをさせていただいていますが、学生時代のアルバイト経験から飲食業の面白さに惹かれ、もう15年もこの世界にいます。

バーテン、イタリア料理店のカメリエーレ、海の家の店員から大手居酒屋の店長まで、さまざまな経験をしてきました。

たとえどんな業態であれ、空腹を満たしてくれて、日常の生活の中に「ハレ」をもたらしてくれる飲食業が、このうえなく大好きなのです。

クライアントのお手伝いをしながら、お客様に出会いとふれあいの場を提供する素敵な店を増やしていくことを天職と考え、日々問題と格闘しています。

本書が、皆様の店の問題解決と繁盛に少しでもお役に立つことができれば、これに優る喜びはありません。

最後に、本書の出版にあたって、問題解決という形でノウハウを構築させていただいたご支援先企業の皆様、何も知らない私に、調理からホールまでの仕事を叩き込んでくださった飲食業の諸先輩方、そしてお客様のニーズを聞く大切さを、身をもって教えてくれた、コンサルタントであり父である宮内亭に、この場をお借りしてお礼申し上げます。

有限会社　経営コンサルティングアソシエーション
取締役経営支援部長　宮内　海

"看板メニュー"で繁盛飲食店にする法＊もくじ＊

3章 集客看板メニューの店内シェアを7％に

4章 仕掛けで集客看板メニューの売上を200％に

5章

お客様と従業員を受容しよう

6章

販促で集客する前に店内体制を整えよう

7章

店外での販促で売上150%を目指そう

8章

儲け看板メニューを育てて確実に儲けよう

9章

看板メニューで競合に勝とう

10章 看板メニューで繁栄し続ける店になろう

装丁●齋藤　稔
本文DTP●ムーブ（新ヶ江布美子）
本文イラスト●柿崎　豊

01　「この１品」から再構築を始めよう

02　１品売上が150％になれば全体売上は120％に

03　看板メニューで売上シェア26％を獲得しよう

04　１品で地域一番になろう

05　看板メニューは実質重視で

06　今ある長所を活かして、看板メニューを売ろう

07　お客様と自分の「おいしい」は実は違う

08　１品の売上アップによる効果を体験させよう

09　看板メニューをつくれる人、つくれない人

10　お客様との関係で看板メニューの価値を高めよう

1章

看板メニューがあれば
すべてうまくいく

「この1品」から再構築を始めよう

▼業態の寿命は短くなる一方だが

「以前はやることが面白いように当たり、繁盛していたが、ここ10年は手探り状態だった」という言葉を、飲食業の経営者からよく聞きます。

バブル期のグルメブームによりさまざまな業態が出てきた一方で、3年もてばいいといわれるくらい、極端に業態の寿命が短くなっています。私自身も、流行っている他店を参考に新店をつくれば繁盛するという安易な考えが通用しなくなったことを感じています。

では、どうしたらいいのでしょうか。それは「自分の思いをこめた1品から店舗を再構築する」ことです。

そうはいっても「たかが1品では売上は上がらない」と思う方がほとんどでしょう。

でも、お客様は料理を食べに来ています。店が「売るぞ」と決めた1品でお客様を満足させることができなければ、他の料理でも満足させられないでしょう。

▼「この1品」で地域一番に

現在、多くの飲食店では、どのメニューも同じように並べています。お客様から見てメニューに特徴がなければ、立地が良く、きれいで大きな店が繁盛します。そうではなく、あなたの店の「この1品」で、まず地域一番になるのです。そしてその1品目当てで来てくれたお客様にリピーターになっていただき、他のメニューも注文してもらえるサイクルを店舗につくり出すのです。

初めの1品が「集客看板メニュー」、儲けるメニューが「儲け看板メニュー」です。

この看板メニューは、店によって、2品の場合と両方を兼ねた1品である場合に分かれます。いずれにしてもその数品だけで、私は店の全体売上を130%〜450%にしてきました。本書では、その取り組みについて、誰もができるように解説していきます。ただ、その1〜2品のメニューとお客様の関係について、尋常でないくらい執着していただくことになります。

この関係でものを見ることができれば、看板メニューづくりが成功した後も新メニューで悩むことは少なくなるでしょう。

「この1品」の看板メニューたち

自分だけのオンリーナンバーワンメニューを見つけて・磨いて・売って売りまくって繁盛させよう!!

1品売上が150%になれば全体売上は120%に

▼トップクラスの定番商品に注目する

前項のように、看板メニューには、お客様に店を認知させる集客看板メニューと、店の利益に寄与する儲け看板メニューの二つがあります。

集客看板メニューは、店内の売上個数が年間を通じてトップクラスの定番商品で、儲け看板メニューは、総粗利額が年間を通じてトップクラスの定番商品。対外的な看板メニューは集客看板メニューで、こちらの数字を先に上げていくことになります。

「トップクラス」というのは、後で詳しく説明しますが、①おいしい、②体に良い、③食べやすい、④見栄えが良い、の四つの価値が高く、かつメイン食材がなじみのものであり、流行メニューではないということです。なお、店によっては、集客兼儲け看板メニューを持っているところもあります。

集客メニューと儲けメニューが異なる場合は、集客メニューが売上構成比で7%以上ある状態で150%にアップすれば、店全体の売上は120%にアップします。

また集客メニューが200%にアップすれば、店の売上を150%までアップさせることが可能です。

▼シェア原則を目安にしよう

売上構成比7%というのは、ランチェスターのシェア原則によるもので、存在シェアと呼ばれます。つまり、7%に満たないメニューは存在を認知されないということです。ただし、集客メニューの獲得シェアに対し、1ランク上のシェアを儲けメニューで確保しておく必要があります。集客メニューが7%以上11%未満（存在シェア）であれば、儲けメニューは11%以上（影響シェア）必要です。なお、集客メニューと儲けメニューが同一の場合は、1品の売上が繁盛シェアである14%を超えていれば、同様の売上アップが可能となります。

なお、シェア原則の数字はあくまで目安と考えてください。

もう売上は上がらないと考えず、1～2品に集中して力を入れてみましょう。まずは現状を打破し、店に動きが出てくることを目指すのです。

ランチェスターのシェア原則を店内メニューに当てはめよう

シェア名称	数値	看板メニューにおける店内シェアの持つ実感
独占シェア	74%	超独占状態。この状態の超繁盛店が存在するが、新メニューはもちろん,看板メニューを時流に合わせるなど、細かい改良を行ない続けなければ店舗として危ない
相対的独占シェア	55%	店舗内におけるメニューの出数の過半数を占め、硬直化しやすいため、準主力の他に新メニューの提案も意識的に行なっていく必要がある
相対シェア	42%	実質的な半独占状態。次の主力となる準主力部門とそのシンボルとなるメニューを育てていく必要がある
圧倒的一番シェア	31%	圧倒的に強い看板メニューとなる。場合により行列店舗になることも。そのメニューの上グレードをつくれば、さらに売上は増える
一番シェア	26%	その商品を目的に来店される方がほとんどになる。また、この看板メニューのシェアを守り抜けば多少のことでは客数は減らない。商圏内でナンバーワンを目指そうと考え始める
トップグループシェア	19%	来店してその商品を頼まなければ損だとお客様が感じ、注文するようになる。お客様が店に一目置き、「高いね」などとあまりいわなくなり、店舗に自信が出てくる数値
繁盛シェア	14%	商品を注文する人が増え始め、店舗においても看板メニューであることを従業員も実感し始める。販促が確実に当たり始める。看板メニューづくりにおいては重要な数値
影響シェア	11%	他の商品を食べようと思って来店した方もその商品が気になるようになる。メニューの力で集客する販促が当たり始める
存在シェア	7%	来店客のほぼ100%に、その商品があるなと伝わっている。その商品を食べたいと思ったら、自店を思い出すお客様が出始める
非存在シェア	3%未満	来店客にその商品の存在が伝わっていない。その結果、店自体も何屋なのかお客様に伝わっておらず、印象が希薄

看板メニューで売上シェア26%を獲得しよう

▼儲からないアイテムはほとんどない

飲食店は、他の物販店と違い、もともとの粗利率が高いので、「1品当てたら蔵が建つ」といわれます。

一般の小売店の場合は、1000円のものを売って10円しか儲からない集客看板商品と1000円で350円儲かる儲け看板商品というように、飲食店に比べてその性格がはっきりと分かれます。ところが飲食店で、いくら売っても儲からないという超低粗利の看板メニューは、あまり見たことがありません。

集客と儲けを兼ねる看板メニューの場合はシェア26%を、異なる場合は儲けメニューが19%を獲得することができれば、間違いなく繁盛店になれます。この状態は、地域にそのメニューが根付きつつあるということなので、販促効果も高まります。ただし、全体売上が急激に下がって、その反動でシェアが高まった場合は除きます。

▼売上アップのさせ方は二段階

私の売上アップのさせ方は簡単にいうと、次の2点です。①差込メニューと接客力で集客看板メニューをシェア7%以上にし、かつその売上を150%にアップさせる。②グランドメニューと店頭で、儲け看板メニューと集客看板メニューを目立つように変え、集客看板メニューが200%までアップしたら、チラシ等の販促を行ない、店の売上を120~150%に増加させていく。

私がクライアントと一緒に取り組んだ実績には、「佐世保バーガー」1品を看板メニューにして売上400%達成（売上シェア40%）をはじめとして、「刺身7品盛り」で売上130%（同15%）、「担々麺」で売上120%（同19%）、「和牛サーロイン」で売上140%（同11%）、「大エビのチリソース」で売上120%（同9%）、「桃豚ロースかつ」で売上130%（同16%）、「皿そば」で売上130%（同7%）、「けしあんぱん」で売上150%（同11%）などがあります。

一番大切なことは、あなた自身が本気でお客様に看板メニューをおすすめし、その価値を実感しながら磨いていくということです。本書に掲載されているものをそのまま真似をしても、売上アップにはつながりません。

26%どころか、40%の売上シェアを獲得する「佐世保バーガー」

ブームとしては一段落した「佐世保バーガー」ですが、東京の実店舗で初めて佐世保バーガーを出した吉村社長が展開するザッツ・バーガーカフェの「佐世保バーガー」は、リピート客が実に多く、地域に根付いている店です。その原点は吉村氏がイタリアで見たBAR（バール）にあります。彼はバンズの上をカリッと焼く加減、バンズの下にトマトではなくレタスを置くこと、卵を店内の場合は半熟に焼くこと、食べやすいように、つぶして食べてくださいとすべてのお客様に伝えていることなど、おいしいハンバーガーを食べさせることに真剣で、絶えず商品を磨いています。

1品で地域一番になろう

▼1品に絞ってブームをつくろう

東京に「佐世保バーガー」を売っている「ザッツ・バーガーカフェ」という店があります（P17参照）。そこでは、1品の売上が11倍、全体売上が7倍になりました。

今でこそブームになっていますが、初めて東京に進出したときは、14種類あったハンバーガー全体を佐世保バーガーとして売っていましたが、あるときから、1品だけを「佐世保バーガー」として売るようにしたのです。その1品がシンボルとなってマスコミからの取材が入るようになり、売上が急激にアップしていきました。

しかし社長の吉村氏は、そのブームに乗ることなく、先の「四つの価値」を基準にして佐世保バーガーを磨き続け、ブームが落ち着いた現在もリピート客に愛されて、売上は右肩上がりを続けています。

▼地域一番の商品力を

飲食業は、1品の商品力で決まります。お客様は、店の内装やサービスの良さにお金を出しているのではありません。実質的な内容で勝負しなければ、売上はアップしません。

残念なことに、このことは店舗の目新しさで成功してきた方には、なかなかわかっていただけません。店舗や業態の目新しさも大切ですが、それをメインにして集客すれば、半年もして目新しさがなくなったとたんに売上はダウンしていきます。

1品の商品力で決まるということは、そのメニューを食べたいと思ったお客様は、商圏内で一番の店にしか行かないということです。「日本で二番目に高い山はどこですか？」という質問に答えられるでしょうか。これと同じで、二番目は記憶してもらえないのです。

家計調査年報によると、1人当たり年間約5万5000円が外食に使われています。そのパイを、多くの飲食店で取りあっているのです。また平成13年の総務省のデータによると、料亭・バーなどを除いた一般飲食店は44万店あるとされ、人口約300人に1店舗ある計算になります。平均すると、およそ1650万円の年商です。

あなたは、その年商でも利益が出せるでしょうか。

日本に飲食店はどれくらいあるのか

	①平成13年	②構成比	③1店舗当たりの人口	④平成8年	⑤増加数	⑥増加率
飲食店合計	794,890店	100.0%	160人	836,446店	-41,556店	-5%
一般飲食店	443,025店	55.7%	287人	456,509店	-13,484店	-3%
食堂、レストラン	244,242店	30.7%	521人	240,386店	3,856店	2%
一般食堂（別掲を除く）	80,511店	10.1%	1,581人	87,173店	-6,662店	-8%
日本料理店	42,176店	5.3%	3,018人	38,664店	3,512店	9%
西洋料理店	30,422店	3.8%	4,184人	29,883店	539店	2%
中華料理店	62,990店	7.9%	2,021人	61,814店	1,176店	2%
焼肉店（東洋料理のもの）	23,097店	2.9%	5,511人	19,615店	3,482店	18%
東洋料理店	5,046店	0.6%	25,226人	3,237店	1,809店	56%
そば・うどん店	35,106店	4.4%	3,626人	35,010店	96店	0%
すし店	39,539店	5.0%	3,219人	45,105店	-5,566店	-12%
喫茶店	88,933店	11.2%	1,431人	101,945店	-13,012店	-13%
その他の一般飲食店	35,205店	4.4%	3,616人	34,063店	1,142店	3%
ハンバーガー店	5,844店	0.7%	21,781人	4,367店	1,477店	34%
お好み焼店	21,717店	2.7%	5,861人	22,638店	-921店	-4%
その他の一般飲食店	7,644店	1.0%	16,652人	7,058店	586店	8%
その他の飲食店	351,865店	44.3%	362人	379,937店	-28,072店	-7%
料亭	5,83[illegible]店	0.7%	21,830人	7,637店	-1,806店	-24%
バー、キャバレー、ナイトクラブ	185,893店	23.4%	685人	218,917店	-33,024店	-15%
酒場、キャバレー	160,141店	20.1%	795人	153,383店	6,758店	4%

※増加率は、増加数÷平成8年店舗数

（総務省　平成13年「事業所・企業統計」より抜粋）

Section 05

看板メニューは実質重視で

▼「スタイル」だけでは結果は出ない

私が支援先で経営指導に当たっているとき、「このメニューは健康にいいとPOPに入れたら、効果があるのでしょうか」と、ある店長から質問が出ました。

私は「あなたが本当にそのメニューが健康にいいと思っていて、お客様に説得できるなら効果があります。ただ、健康志向の風潮に合わせて入れるのなら効果はありません」と答えました。

風潮に合わせて表現することを「スタイル」といい、自分が生きていく上で必要と感じて表現することを「実質」といいます。看板メニューについては「実質」でないと、売上アップはうまくいきません。

「あれもこれもやったけど、どれも結果が出なかった」といわれる方がいますが、それは「スタイル」でしか取り組んでこなかったからではないでしょうか。

▼看板メニューには実質的に取り組むこと

たしかに、飲食業は「ハレ」や華やかさが求められる業界で、スタイル的な表現も必要です。それは、雑誌などから簡単に仕入れることができます。

ただ、看板メニューについては、より実質的に取り組んでください。それによって店に劇的な変化が起こり、あなたを含めて従業員が、自信を持って仕事ができるようになります。

看板メニューに実質的に取り組むとは、次のようなことです。①お客様に看板メニューがおいしいかまずいかを聞ける、②看板メニューの誕生と試行錯誤についての歴史を知っている、③看板メニューの食材の生産者にこだわりを聞いたことがある、④お客様に本気でおすすめできる、⑤その看板メニューがどんなにいいか、お客様の視点で5分間話ができる、⑥看板メニューへのお客様の意見を反映させて磨くことができる。

「スタイル」は表面を模倣することですむ場合が多く、プロセスを必要としません。プロセスとは、お客様に「いいね!」といってもらうために払った苦労や苦心です。それがまさに「実質」であり、その集積が「繁盛」という結果をもたらすのです。

「どうおいしい」かを聞くのが実質重視のスタート

今ある長所を活かして、看板メニューを売ろう

自店でのＡＢＣ分析には出てこない他店で流行っているメニューを持ってきても成功しません。お客様の支持もなく、商品の「深さ」もないからです。

今ある自店のメニューの中で強いものをさらに磨いていくことが繁盛店への道ですが、それは、自分の長所を伸ばせる人にしかできません。

▼スタッフと一緒に商品を磨く

いくら内容が良くても、伝わらなければ売れません。このため、他店と比較した看板メニューの長所を強調して販売していくのですが、自分の長所を自覚できる人は、そのメニューがどんなに優れているかを話して売ることができます。また、長所を長所として受け止め、堂々と働いている従業員のいる店は、実にすがすがしく気持ちがいいものです。

店長は看板メニューと関連づけながら、一緒に磨いていく環境をスタッフに与えましょう。できることをさらに伸ばす人材育成です。そして、これがどこの店にも真似できない売上アップの手法になるのです。

▼支持されているメニューをさらに伸ばす

「自分ならこうやるはずだ」という想像上の自分を、自分そのものであると思い込んでいませんか。そうすると、リアルな今の自分の良いところが見えなくなってしまいます。また、自分はこういう場にいる人間ではないと思いながら、無愛想に接客している従業員も同様です。けれども、今していること（できていること）イコール自分なのです。

オーナー自身もこのことがわかっていないと、自分で自分の首を絞めてしまいます。相手から見た自分の長所を活かさずに次々に新しいことに手を出せば、「何屋かよくわからない店」になってしまうからです。

雑誌などのトレンド情報よりも、今、店に来ているお客様に一番支持されている看板メニューをさらに伸ばしていくこと、そしてその良さをＰＲしてくれるお客様を集めることが必要です。

ＡＢＣ分析は、現在支持されているものの結果であって、それに縛られてはならないといわれます。けれども、

あんぱん1品を訴求したパン店のチラシ

こちらのパン店は古くから営業していることで、パンの種類が少しずつ増え、特色が出せず苦労していました。そこで、原点である「あんぱん」に特化し、あんぱんカテゴリーの売上を6倍にすることで、お客様を振り向かせ、どこにもない店をつくり上げたのです。

Section 07

お客様と自分の「おいしい」は実は違う

▼お客様はどう思っているか

看板メニューで売上を上げるためには、相手から見た自分の長所を認めて伸ばすことが大切といいましたが、これには「受容力」を必要とします。受容力とは、自分の意見を横に置いておいて「相手はそう考えている」と受け入れる力です。その力で、最初はお客様が評価してくれている看板メニューを伸ばし、それを媒介に店に対するお客様のニーズを仕入れて活かしていけば、繁盛店になることができます。

経営は、受容力→創造力→打算力→受容力……のサイクルを踏んでいくと成功します。お客様のニーズを「受容力」で素直に受け入れた上で、それを満たすサービスを提供することが「創造力」です。そして少しでも良いものを提供することで、それに見合った金額をもらうことが「打算力」になります。

▼まずは受容力を磨くこと

看板メニューの売上アップそのものが、その受容力を磨くことになります。その上で、いろいろな店を見に行き、半歩進んだサービスを提供できる創造力が身につけば、長く繁盛する店舗をつくることができます。

受容力については、実はほとんどの店がどんぐりの背くらべ状態といったところです。どこがそうなのかというと、お客様が「看板メニューのロースかつ、おいしかったよ」といったとき、「ありがとうございます」で会話を終わらせていることが多いのです。これでは、お客様の「おいしい」がどうおいしいのか、おそらく理解していません。言葉通りに捉えているだけです。

自分は、柔らかく肉汁たっぷりなところがおいしいと思っていても、お客様は、衣がサクッとしていることで「おいしい」といったのかもしれません。そこまで理解できることを「受容力がある」というのです。

この受容力を身につけると、その看板メニューの良さが広がっていくし、多くのお客様が何を望んでいるかがわかってきます。ニーズがわからないということは、お客様の「おいしかった」の中身を理解していないということなのです。

お客様の「どうおいしい」をチラシにも入れよう！

お客様の「うまい！」の声をそのまま載せるとともに、「パリパリッ！とジューシー！」という印象的なコピーで全体をまとめています。

1品の売上アップによる効果を体験させよう

▼スタッフに真の行動を促す

今の若い方の多くは、何かを生み出したり周りを変えていくことをせずに、組み合わせて活用することばかりを考えています。また、失敗しないためのマニュアルもたくさんあります。このような状況にあると、自分で行動するという意識がどうしても希薄になります。そのため、なかなか自分の長所が見えてきません。

自分が幸せになる長所とは、人が「いいね」といってくれる今ある長所です。本人がこうありたいと思う長所は、自己満足にしかならないことが多いのです。「自分が思い描く自分らしさ」からスタートすることも大切ですが、それを仕事に活かすことは、よほど理解ある上司や先輩との出会いがない限り難しいでしょう。

▼「自分」がなければ看板メニューはつくれない

店長が現場の従業員に、人の役に立ちながら、自分らしさを活かして状況を変えていけることを教えられるのも看板メニューマーケティングのすばらしさです。

本書の2章以降は、看板メニューで全体の売上を上げる方法を具体的に解説した内容になっていますが、マニュアル形式ではなく、考え方を理解していただく形で展開していきます。それは、「自分」がなければあなたの店の看板メニューはつくれないからです。

マニュアルは、「何をどうする」ということをまとめたものです。そこに「誰が」という主語はありません。マニュアルにとらわれすぎると、自分自身の力で状況を変えられないという錯覚に陥り、お客様の空腹を満たすだけの「心を動かされない店」にしてしまいます。

そこで、マニュアルや雑誌情報から離れて、看板メニューの売上アップについて話し合い、独自の行動による取り組みを追求していきましょう。

看板メニューの売上アップに取り組んでいくと、若い従業員が、自分たちで状況を変えられることを実感するようになり、個数アップにより評価されるため、目がキラキラしてきます。そして、その力と看板メニューの商品力が一体になれば、競合にマネのできない独自のノウハウとなるのです。

1品の売上アップが店全体の売上に波及する

この会社は約40店舗を展開していますが、それぞれの店で、看板メニューである「チャオチャオ餃子」のシェアと売上は一致しています。このようなしっかりとした看板メニューがあってこそ、店全体の売上もアップさせることができるのです。

看板メニューをつくれる人、つくれない人

▼あなた自身が考え、行動すること

看板メニューづくりではもちろんのこと、経営そのものについても、市場が成熟して競合が激しくなると「誰が、何を、どうするか」でその成否が決まります。成長期は需要に供給が追いつかないため、「誰が」が希薄でも成功しましたが、今は違います。

たとえば、あなたがジンギスカン店の経営者だとします。流行が去り、その店が売上不振に陥ったとき、あなたは「ジンギスカン（のブーム）は終わった」と考えるのか、「私のジンギスカン店は終わった（他に上手に経営している人はいる）」と考えるでしょうか。

前者は、ジンギスカンをみな同じととらえているため、自分が行動することで個性を生かし、ジンギスカン店を磨いて繁盛させるという発想が希薄です。

後者は、「私のつくったジンギスカンでは良い結果を残せなかった」という考えで、違いを見る目があり、今回は失敗したものの、看板メニューをつくれる視座を持っているといえます。このような方が、あらゆる方法を試して看板メニューの価値を高め、お客様の認めるものをつくることができます。

▼お客様が求める価値を提供する

メニューには、客観的な価値基準があります。

それは、①おいしさ、②体への良さ、③食べやすさ、④見栄えの良さ、の四つです。この四つを磨いていけば十分に繁盛させることができます。この基準は店側ではなく、お客様から見た商品に求められる価値を表わしています。

流行を否定しているわけではありませんが、それが100％だとうまくいきません。

浅草のある寿司屋では、有名な大間産のマグロも置いていますが、看板メニューは壱岐産のマグロです。壱岐のマグロのほうが深海にいるため、脂がサラッとしていてそれがおいしく感じられるのです。お客様にも自信を持ってそう説明し、人気メニューとなっています。

人と同じことをしていては、売上アップにはつながらないのです。

何を看板メニューにするか分析する

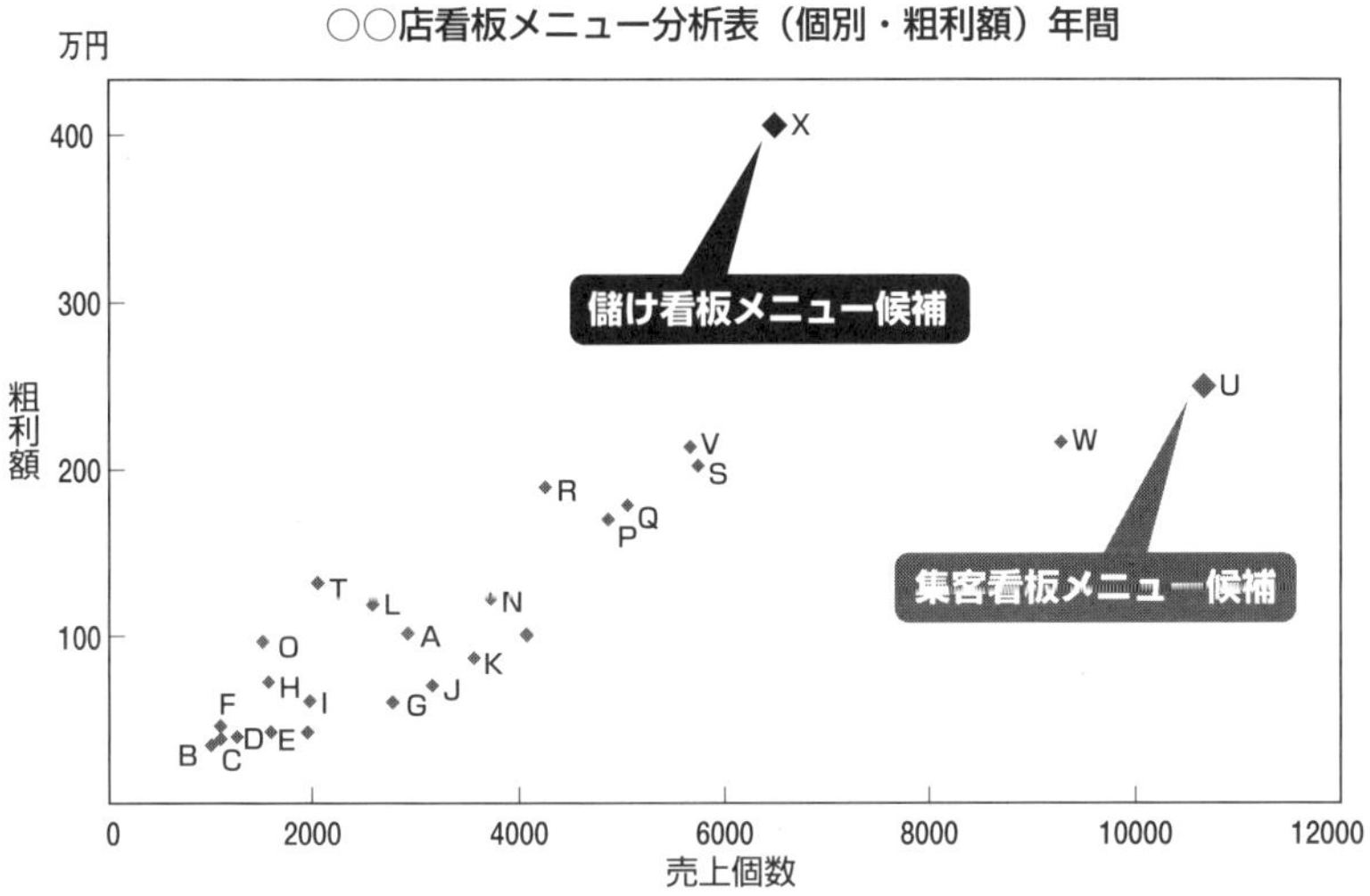

最低3ヶ月、できれば1年間の粗利額と売上個数の合計を算出します。それを散布図にすると一目で集客看板メニューと儲け看板メニューを見出すことができます。基本はそれぞれトップ商品がなりますが、仮に商品Uが明らかに流行商品であれば、商品Wを集客看板メニューにします。

	粗利額で分類		
販売価格で分類	高い	平均	低い
高い	儲け看板メニュー		集客看板メニュー
平均		通常メニュー	
低い	儲け看板メニュー		集客看板メニュー

看板メニューが二つに分かれるときは、このどちらかになります。

Section 10

お客様との関係で看板メニューの価値を高めよう

▼お客様の求める価値とは

1品にこだわり、それを高めることの重要性について述べてきましたが、お客様の嗜好とそれに伴う価値をつかむには、商品自体に価値があるのでなく、商品とお客様との間に価値が発生するということを理解しておく必要があります。

▼訴求するのは「原因」ではなく「結果」

商品とお客様との関係において、8割のお客様に通用する価値があります。それは、前にも述べた、①おいしい、②体に良い、③食べやすい、④見栄えが良い、の四つです。つまり「看板メニューは、この四つにおいてこんなに優れています」とお客様に伝えることが販促のポイントで、この四つの視座からブラッシュアップ（改良）していくことが、看板メニューの価値を高めることになります。「量は重要な価値ではないのですか」と聞かれることがありますが、一定量を超えると価値に変化は起きません。つまり、量に価値は比例しないものの、上記の四つは比例し続けるといえるのです。

商品の価値を伝えるため、多くの場合、商品のこだわりをメニューに書いていますが、そのほとんどが産地や調理法を説明したものに集約されます。でも、それはおいしさ、体への良さの「原因」であって、今はもうそれだけでは差別化できません。お客様にどういうおいしさなのかという「結果」で表現していく必要があります。

たとえば、コンサルティング先の沖縄料理店のメニュー表は、まさにその「結果」を表現しています。

看板メニューは豚の角煮である「島豚らふてぃー」ですが、「沖縄産の豚を使用し、6時間ひと時も目を離さずアクをとりながらコトコト煮込みました」と「原因」だけを書いても他店との差別化はできません。「とろっとして、かつ濃厚な島豚特有の甘みある旨み！　あのコラーゲンもたっぷり！」と目立つように書き、さらに興味を持った方に向けて上記の「原因」を書いています。

「こうおいしい」、「こう体に良い」という「結果」をはっきり書かないと差別化できず、お客様には他店との違いが上手に伝わらないのです。

違いが伝わる沖縄料理店のメニュー

沖縄逸品料理

沖縄育ちの野原による本場そのままのお料理の数々

ダントツ1番人気で美味しいのには訳がある!!

「とろっと」してかつ濃厚な島豚特有の甘みある旨み！ぷるぷるコラーゲンもたっぷり!!」

沖縄島豚らふてぃー

八〇〇円

本土の豚ではどうしてもでなかった甘い旨みが特徴の沖縄県産島豚にこだわり沖縄から空輸しています。

2時間コトコト煮て、美貌の素コラーゲンはそのままに余分な脂を取り除いていきます。

最後は味の決め手の黒砂糖を入れて　煮込みます。えぐみがでないすっきりとした後味にするために、2時間片時も目を離さずアクをとっていきます。

これだけは、今でもオーナーの野原が誰にも触らせず、毎日仕込みをしているメニューです。昔、多良間で母親に作ってもらっていた幸せな味がするらふてぃーを再現しています。黒砂糖をつかった奥深い甘み、口に入れればほろりととろける旨みいっぱいのお肉がやみつきになる自慢の一品です。もちろんぷるぷるお肌のコラーゲンもたっぷり!!

店主　野原雅吉はこんな人

沖縄県宮古多良間島生まれ、幼少からの夢である船乗り（航海士）として社会人スタート。昭和63年に退社してボディビルジムをオープン、平成5年広島ボディビル大会40歳代と　クラス別60キロ以下で優勝、平成三年に水産会社設立、平成13年12月にゆかいな沖縄民謡食堂「ゆんたく」をオープン。休日は三線教室や出張三線ライブで大忙しの毎日。

泡盛

沖縄料理とは

沖縄では、食べ物のことを「ヌチグスイ」（命の薬）と表現します。これはまさしく「医食同源」。沖縄料理のそのほとんどが栄養のバランスのとれた健康食といわれています。素材の代表的なものは豚肉、豆腐、昆布、そしてゴーヤーを代表とする沖縄野菜です。これらはお互いに栄養を補いながら、非常によくバランスを取り合っています。「食べれば元気!!」になるヌチグスイの心で工夫を凝らした沖縄料理をゆんたくではご提供しております。

豚骨ベースの深い味わい

ソーキそば（骨付き豚の角煮付き）七五〇円

苦味成分とビタミンCで疲労回復!!

ゴーヤチャンプルー　七五〇円

苦み成分には食欲増進の働きがあるうえ、ゴーヤーのビタミンCは加熱しても生のものとほとんど変わりません。美容効果、夏バテ・疲労回復に効果があります。また、お肉は、本場沖縄同様にコーンビ　アハッシュを使っています。

海ブドウ（獲れたての本物です）　五〇〇円

一番うまい　宮古多良間島産

プチプチしない塩づけのものが多い中で、当店は生きたままの海ぶどうを提供しています。海ぶどうは、低カロリーなのに、ビタミン・カルシウム・鉄分等の身体に優しい栄養素が豊富に含まれており、海草のキャビアと呼ばれています。

「食感×味」でお客様が食べなくても体験できるよう書くのがポイントです。

2章

看板メニューを磨いて売上をアップさせよう

1品に自分を賭け、売りまくろう

▼看板メニューマーケティングのプロセス

看板メニューマーケティングの流れを大まかに書くと、次のようになります。

①一番よく売れていて、自分が売りたい商品を看板メニューに決める、②今、来ているお客様に自らおすすめする、③現場の従業員にも売らせて、それを看板メニューとして体にしみ込ませる、④店の前を歩いている方に向けて、店頭でPRする、⑤店舗の前を通らない不特定多数の方に、チラシでPRする、⑥その看板メニューで「ここはすごいね」とお客様に思わせる、⑦認めていただいたお客様に、より高粗利率・高単価のメニューを注文していただく。

▼自分自身がどう取り組むか

初めはおすすめしてもなかなか売れず、つらいこともありますが、日々手を打っていければ、業種・業態・流行・立地に関係なく、以前より確実に看板メニューの売上がアップして強い体質の店になり、最終的には全体の売上アップもできるようになります。

看板メニューマーケティングを行なう上では、店と看板メニューではなく、あなたと看板メニューとの関係がまず大切になってきます。

仮に、あなたが従業員として働いている店が繁盛店であっても、それは、社長がすでにつくったものに乗っているだけにすぎません。流れに乗っているだけならば、近くに競合店が出てきて大幅に売上がダウンした場合、おそらくあなたは何をしていいかわからないでしょう。

けれども、日頃から社長のつくった仕組みに乗りながらも、常に目的意識を持って自分なりに改善しながら店舗運営をしていれば、競合店が出てきても対抗できるようになるし、マンネリ化しないようになります。

そのための一番いい方法は、1品に自分を賭け、自ら行動することによってその出数を毎日更新していくことです。

これを意識的に行なっていれば、雇われ店長であっても、いつでも独立しても食べていける「ミニ経営者的店長」になることができるでしょう。

看板メニューで日々革新を続ける「佐世保バーガー」

東京で初めて「佐世保バーガー」を実店舗で紹介した吉村氏（中央・佐世保出身）と調理責任者の石原氏（右）と著者（左）。
結果としてブームになりましたが、世界一おいしいハンバーガーをお客様に提供したいという信念を持って店を経営しています。
初めはまだ佐世保バーガー自体に知名度がなく、チラシをつくって近所に挨拶することから東京でその味を伝えていきました。
人気が出た後もリピート客を大切に経営しており、次のようなことを実践しています。

①雑誌等の切り抜きは店舗には掲示しない。あくまで、日常の中の普通のハレの店としての演出
②同類のバーガーの多くが外国産のパティの中、国産牛にこだわる
③持ち帰りは野菜を別にする。トマトがバンズにくっつかないように並べ替える

四つの価値にとことんこだわろう

▼価値をどう伝えるか

8割のお客様に通用する、①おいしい、②体に良い、③食べやすい、④見栄えが良い、という商品の四つの価値があることを前に説明しました。看板メニューマーケティングでは、その価値をどう伝えるかが大きなポイントとなります。

▼味については、伝わりやすい言葉を選ぶ

①については、「食感」と「風味」でおいしさを説明していきます。食感はテクスチャーといい、食品総合研究所によると日本語で約430種類あることがわかっています。風味とは香りと味のことですが、香りの表現はほとんど日本語にはなく、そのまま「○○の香り」と表現することが多いため、味についての表現が重要です。

私は、コンサルティングの場で「お客様の感想を思い出してみてください」と聞いて、それを優先させてそのメニューにふさわしい表現を探しています。それは、お客様の言葉は、他のお客様にも伝わりやすいからです。苦労して考えた言葉でないと、本気でお客様に伝えられません。このため、主要なスタッフに参加してもらって一緒に考えています。

②については、「素材が健康に寄与することと安全であること」について訴求します。なお、優先して訴求するのは①のおいしさであり、①が8割、②が2割程度のバランスで説明します。

③の食べやすさについては、特に言葉で訴求することはありませんが、「形の食べやすさ」と「味の食べやすさ」がポイントになります。形の食べやすさとは、一口大にカットしたり、皮をむくことなどで、味の食べやすさとは、牛乳で魚の臭みを取ることなどを指します。

④の見栄えについても見ればわかるため言葉で訴求することはありませんが、代表的な色彩である赤・黄・青・緑・黒・白の六色を使ったり、三角形に盛りつけるなどが基本となります。また「本物感」を出すことがポイントになり、たとえば、自然を取り入れたイメージを出すために、氷を使う、固形燃料ではなく炭を使う、昔懐かしい竹の蒸籠や葉釜を使うなどの方法があります。

「四つの価値」で看板メニューを整理する

	機能的価値		デザイン価値	
商品	①本来的機能価値	②補助的機能価値	③本来的デザイン価値	④補助的デザイン価値
飲食物	おいしさ	体への良さ	食べやすさ	見栄えの良さ
新幹線	安全	速い	流線型	できる人に見える
めがね	よく見える	軽い	疲れにくい	かっこよく見せる
洋服	身を守る	耐久性がある	動きやすい	かっこよく見せる

		おいしさ	体への良さ	食べやすさ	見栄えの良さ
飲食物	一般的に高いメニュー	◎	◎	◎	◎
	一般的に並のメニュー	◎	○	○	○
	一般的に安いメニュー	○	×	○	×

飲食に限らずどの商品も、お客様と関係で見た場合、上記の四つの価値に集約されます。

ある欲求から商品が創造され、具体的な形となって誕生します。

その初めの欲求を満たすものが「本来的機能価値」、形として具体化したときに求められた形を「本来的デザイン価値」といい、どの商品も最低、この二つの価値をある程度満たさなければ成り立ちません。

この二つの価値とそれ以外の補助的な二つの価値の四つの達成度で価値の高さ＝価格が決まります。

看板メニューで地域に不可欠な店舗になろう

▼お客様の立場で考える

これは当たり前のことですが、「お客様は忙しい」ということを忘れてはいけません。

たとえば、あなたがお好み焼き店を経営しているとします。あなたはお好み焼きのことを毎日考えていますが、お客様はお好み焼きのことを毎日考える時間も余裕もありません。さらに、お客様がお好み焼きのことを考えたとしても、あなたの店のことを思い出してくれる方はそのうちのほんのわずかです。

このようにお客様の立場で考えると、繁盛のために何をすべきかが見えてきます。

①お好み焼きについては、商圏内で何か一番のものを出そう、②お好み焼きについては、商圏で一番詳しくかつ貢献できる人間になろう、そして③販促をしよう、という考えが出てきます。

私のコンサルティング先に、BSE騒動の中でも売上を落とさなかったどころか、業績を上げた焼肉店があります。その経営者は、いかにおいしい焼肉を地域の方に食べていただくかをいつも考え、行動しています。

当初はアメリカ産の牛肉も出していたのですが、納得できる飼育業者の和牛しか店に置かないようにしました。そのために卸売業者となじみになり、指名買いによる一頭買い付けをするところまで徹底しています。

そして、たとえば前沢牛のチャンピオン牛を数百万円で落札し、お客様の中で特に和牛が好きな方を組織化してチャンピオン牛を食べる会を企画したりしています。焼肉が好きなお客様にはこたえられない店です。

▼一般的な傾向だけを追ってはならない

よく、「看板メニューは一般的には何がいいですか?」、「今の飲食事情にはどんな特徴がありますか?」と聞かれますが、周りに合わせることばかり考えていたら、看板メニューによって地域になくてはならない店にはなれません。あなた自身の信念が抜けているからです。

たとえ雇われ店長でも、信念を込めて今あるメニューから1品看板メニューをつくれば、なくてはならない店になれるのです。

BSE騒動の中でも売上を伸ばした焼肉店のメニュー

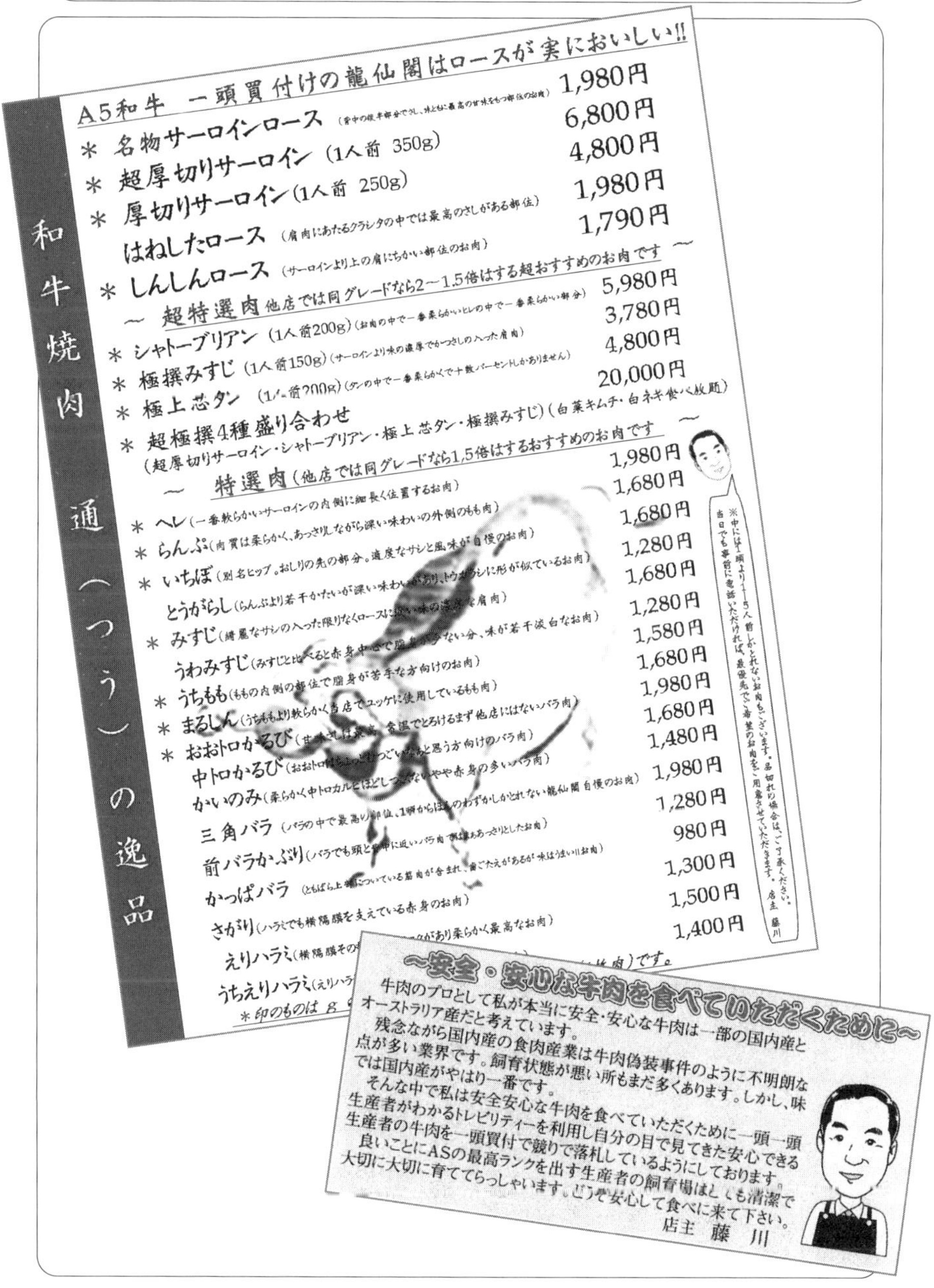

和牛焼肉 通（つう）の逸品

一頭買付けの龍仙閣はロースが実においしい!!

A5和牛

＊ 名物サーロインロース（背中の腰半部分でさし、味ともに最高の甘味をもつ部位のお肉） 1,980円
＊ 超厚切りサーロイン（1人前 350g） 6,800円
＊ 厚切りサーロイン（1人前 250g） 4,800円
はねしたロース（肩肉にあたるクラシタの中では最高のさしがある部位） 1,980円
＊ しんしんロース（サーロインより上の肩にちかい部位のお肉） 1,790円

〜 超特選肉 他店では同グレードなら2〜1.5倍はする超おすすめのお肉です 〜

＊ シャトーブリアン（1人前200g）（お肉の中で一番柔らかいヒレの中で一番柔らかい部分） 5,980円
＊ 極撰みすじ（1人前150g）（サーロインより味の濃厚でかつさしの入った肩肉） 3,780円
＊ 極上芯タン（1人前200g）（タンの中で一番柔らかくて十数パーセントしかありません） 4,800円
＊ 超極撰4種盛り合わせ（超厚切りサーロイン・シャトーブリアン・極上芯タン・極撰みすじ）（白菜キムチ・白ネギ食べ放題） 20,000円

〜 特選肉（他店では同グレードなら1,5倍はするおすすめのお肉です 〜

＊ ヘレ（一番軟らかいサーロインの内側に細長く位置するお肉） 1,980円
＊ らんぷ（肉質は柔らかく、あっさりしながら深い味わいの外側のもも肉） 1,680円
＊ いちぼ（別名ヒップ。おしりの先の部分。適度なサシと風味が自慢のお肉） 1,680円
とうがらし（らんぷより若干かたいが深い味わいがあり、トウガラシに形が似ているお肉） 1,280円
＊ みすじ（綺麗なサシの入った限りなくロースに近い味の濃厚な肩肉） 1,680円
うわみすじ（みすじと比べると赤身中心で脂身が少ない分、味が若干淡白なお肉） 1,280円
＊ うちもも（ももの内側の部位で脂身が苦手な方向けのお肉） 1,580円
＊ まるしん（うちももより軟らかく当店でユッケに使用しているもも肉） 1,680円
＊ おおトロかるび（甘味さしは最高、常温でとろけるまず他店にはないバラ肉） 1,980円
中トロかるび（おおトロはちょっとしつこいなあと思う方向けのバラ肉） 1,680円
かいのみ（柔らかく中トロカルビほどしつこくないやや赤身の多いバラ肉） 1,480円
三角バラ（バラの中で最高の部位、1頭からほんのわずかしかとれない龍仙閣自慢のお肉） 1,980円
前バラかぶり（バラの中で最高り部位…あっさりとしたお肉） 1,280円
かっぱバラ（バラでも頭と…に近いバラ肉…ほうまい!!お肉） 980円
さがり（ともばら上部についている筋肉が含まれ、歯ごたえがあるが味はうまい!!お肉） 1,300円
えりハラミ（ハラミでも横隔膜を支えている赤身のお肉） 1,500円
うちえりハラミ（…があり柔らかく最高なお肉） 1,400円
（横隔膜その…
（えりハラ…
＊印のものは g …
…お肉）です。

※中には1頭より1〜5人前しかとれないお肉もございます。品切れの場合は、ご了承ください。当日でも事前に電話いただければ、最優先でご希望のお肉をご用意させていただきます。 店主 藤川

〜安全・安心な牛肉を食べていただくために〜

牛肉のプロとして私が本当に安全・安心な牛肉は一部の国内産とオーストラリア産だと考えています。

残念ながら国内産の食肉産業は牛肉偽装事件のように不明朗な点が多い業界です。飼育状態が悪い所もまだ多くあります。しかし、味では国内産がやはり一番です。

そんな中で私は安全安心な牛肉を食べていただくために一頭一頭生産者がわかるトレビリティーを利用し自分の目で見てきた安心できる生産者の牛肉を一頭買付で競りで落札しているようにしております。

良いことにASの最高ランクを出す生産者の飼育場はとても清潔で大切に大切に育ててらっしゃいます。どうぞ安心して食べに来て下さい。

店主 藤川

小さな勝ちを積み上げて稼ぐ店長になろう

▼分析するだけでは何も始まらない

飲食マーケットが伸びていた時期の店長の仕事は、クレームがないように店舗運営することでした。しかし今は、店長自身が売上をつくらないと務まらない時代です。

私はコンサルティング先の店長会議に出ていますが、本部の指示通り動いていればよかったバブル期に店長になった方が店を立て直すことができず、降格になったり、辞めていくのを数多く見てきました。稼げない店長は失敗するのが怖いため分析に走り、問題点を指摘するだけで自ら実践できない傾向があります。

そういう店長には、左記の八つの事柄を順番に実行していってもらっています。

①自店の「看板商品」について、自分の言葉でお客様の前で5分間熱く語る
②主体的な独自の行動で、看板メニューの売上を昨対比で最低150％を達成する
③最も売上が高い曜日の平均売上を、月間で更新する
④昨対同月比で最高日商を更新する
⑤1ヶ月で昨対売上と予算売上を更新する
⑥5000円以上に設定した目標人時売上高を達成する
⑦従業員の長所を伸ばす教育だけでなく、短所を指摘し改善させる
⑧自分の分身として店長候補を育成する

▼店長自身が本気でお客様に関わること

店長自身が、お客様と一対一で本気で関わり、プロとして勝負することができなければ、いくら分析を重ねてもそれは役に立ちません。

たとえば、ある餃子専門店の店長は、お客様に「まず何もつけないで食べてください」と自信を持って伝え、「おいしいね」には「おいしい（といって）いただきました～」と店内中に響く声で、別のクルーに伝えています。また、「君は元気だね」というお客様の言葉には「毎日餃子を食べています」と答え、そしてお帰りになるときには、必ず外までお見送りをして一言声をかけています。そういう一対一の対応ができる人が、稼げる店長になっていくのです。

小さな勝ちを共有する小冊子の事例

GCC PRESS 2007.2.20 ❸

愛と正義の店長塾

塾生諸君、はじめまして!!

塾生心得
一つ、心にいつも「愛と正義」!!
一つ、お金のかからぬサービスを!!
一つ、マイナスだってラッキーと思え!!
一つ、どんなに追われまくっても
お客様を喜ばせる心のすき間を
3割は空けておくべし!!

わたくし、この度、店長塾塾長に就任いたしました、笑み太郎と申します。

これから皆様に、愛と正義の名の下に、様々な角度から「愛すべき・愛されるべき・強い店長像」について語っていきたいと思います。どーぞ、ヨロシク!!

まずは、一人目の講師として、数多くの悩める飲食店の売上を、そのお店ならではの"看板メニュー"をもたせることで、120〜700%アップしてきた凄腕仕掛け人・宮内海先生をお招きしました。

では、海先生の授業、始まり始まり〜!

本日の講師 宮内《みやうち》 海《かい》 先生
(有)経営コンサルティングアソシエーション

稼げる&利益を残せる店長8箇条

はじめまして。私は飲食店の売上アップのお手伝いをさせて頂いております、経営コンサルティングアソシエーションの宮内海と申します。この度、ご縁があり、「チャオチャオ餃子」「韓国風鉄板鍋」という2つの素晴らしい看板メニューをもつ、GCCさんの"店長塾"で、私の考える「稼げる店長」について講義させて頂くことになり、大変嬉しく思います。感謝!!

ここでは、一般的な店長の仕事内容ではなく、稼げる&利益を残せる店長は何をしているのか、何ができるのかをお伝えしていきたいと思います。ポイントは以下の8つです。

① 自店の"看板メニュー"について、お客様の前で自分の言葉で、5分間 熱く語れる
② 主体的な独自の行動で"看板メニュー"の売上を昨年対比で最低150%UPできる
③ 最も売上が高い曜日の"平均売上"を月間で更新できる
④ 昨年同月対比で"最高日商"を更新できる
⑤ 1ヶ月で"昨年対売上"かつ"予算売上"を更新できる
⑥ 5,000円以上で設定した"目標人時売上"を達成できる
⑦ 従業員の"長所"を伸ばす教育だけでなく、"短所"を指摘し改善させることができる
⑧ 自分の分身として"店長候補"を育成できる

ちなみに、私が関わって来た数多くの飲食店さんには、お客様に圧倒的に支持される1品(売上構成比で26%以上)が無い場合が多かったのですが、それをしっかりもっている皆……非常にラッキーです! あとは、店長みずからが主体的に動き、利益が出るようにするた……関わり、プロとし……

主体的を具体的に言うならば、お客様に1対1で本気で関わり、……ます。

例えば、「チャオチャオ」の西中島店ではそれができています。お客様に「(看板メニューのチャオチャオ餃子は)まず何もつけないで食べ……」と自信をもってお伝えし、「美味しいね」のお客様の言葉には「美味しい(と言……」と店内中に響く声で、クルーさんにも共有できるように伝えています。……お客様の言葉には「毎日餃子を食べています!!」と返し、お帰りになると……をして一声掛けています。そういう1対1の対応ができる人は、既に……は「稼げる店長」になれる素質大!といえるでしょう。

次号から、以上の①〜⑧のポイントが実行できるよう、具体的にお……思いますので、どうぞヨロシクお願い致します。

講義に対するご意見や、「我こそ稼げる店長ダ!」なんて自己……クルーさんからの推薦など、以下までどんどんメールくださ……
masakazu.emi@gyozakeikaku.co……

2月20日

読んで元気が出る"GCC PRESS" どんどん進化する二号目!

GCC PRESS
G Culture Creator Newsline
2007 2

笑店招福の方程式
株式会社ジー・カルチャークリエイター 山口雄二

新連載! 愛と正義の店長塾
餃の元気印 〜大分都町店〜
韓の元気印 〜阪急茶屋町店〜

TAKE FREE

G CULTURE CREATOR Co.,LTD.

七つの改善で入りやすい店にしよう

▼集客のための条件を整える

看板メニューで集客しようとする前に、自店の外観と内装を見直してみましょう。もし、心理的に入りにくい店の雰囲気であればすぐに改善しましょう。そのほうが売上アップの結果が早く出ます。看板メニューマーケティングの事前準備として取り組んでください。入りやすい店にするためのポイントは、以下の七つです。

①遠くからも店の存在と何屋なのかがわかり、シンボルとなるものがある（店名よりも何屋か、が重要。壁面・テントなど、一貫した色づかいで店の存在感を出す。シンボルになるものがあればなおよい）

②店頭にメニュースタンドがあり、いくらぐらいの店なのかわかる（これがないと致命的）

③店の中が外から見える（見えないとお客様は不安で入りにくい）

④店舗に生活感を匂わせるものを置いていない（洗濯物、プラスチックの鉢に入った植物、汚れたエアコン室外機、晴れなのに傘が入った傘立てなどはＮＧ）

⑤店舗の清掃が行き届いている（ガラス、照明器具、メニュー表、醤油・ソース入れの汚れ、お皿の欠け、お冷グラスの傷などに注意）

⑥変な臭いがしない（配管からの臭い漏れ、グリストラップの臭い、トイレの近くでは芳香剤の臭いなどに注意）

⑦ユニフォームが汚れていない（ズボンの折り目、靴の汚れ、エプロンの染みなどをチェック）

▼凡事徹底が大事

魅力ある店舗で売上アップを図るためには、この七つをパーフェクトにしておかなければなりません。これは何も難しいことはありません。凡事を徹底できるかどうかです。

お客様は、日常的な食事であれ、デートやお祝いなどの非日常であれ、ハレの演出を望んでいます。その多くは商品やサービスによるものですが、その前に舞台裏が見えてしまえば、お客様は興ざめしてしまいます。

なお①～③は、プロに頼めばすぐに解決できます。

店舗リフォームのプロに相談することも考えよう

株式会社 大岩ウインド製作所とは

浅草合羽橋で店舗改装業を行なっている会社。飲食の店舗改装を得意とし、一気にリニューアルをするのではなく、少しずつお客様に対するノウハウをオーナーさんと蓄積していきながら手を入れていく、良心的な店舗改装を行なっています。

自社工場を持ち、完成度の高い店舗を短期間につくる技術を持っています。

連絡先

〒111-0036 東京都台東区松が谷 3-17-12　　TEL　0120-07-4145

売りたい売れ筋を集客看板メニューに

▼集客看板メニューの3条件

看板メニューには大きく分けて二つあると書きました。売上を上げるには、客数アップが最優先ですので、まず、集客看板メニューをつくっていきます。具体的に集客看板メニューは、この1年間で売れ個数でトップ3に入ったものの中から決めていきます。

その際、絶対条件として、①流行商品ではなく定番商品で、かつ年間を通じて安定して売れるもの、②自分にとって最も自信があり、胸をはって売れるものであることが必要で、十分条件として、③スーパーで手に入るようななじみの食材であることが必要です。

ちなみに流行商品とは、お客様の生活に根づかず、3年以内で消えてしまう商品のことです。また、流行っているからといって参入する店が増え、それにより相対的に商品の完成度が低下し、さらにその商品そのものの評価が下がってしまうことも、それが流行で終わる原因です。私は福岡出身ですが、もつ鍋の元祖といわれる店の味が他店でも出せていれば、もつ鍋はブームで終わることはなかったと思います。

▼季節メニューで試してみることも有効

前述の三つの条件を満たす商品が見つかったら、躊躇せずに、集客看板メニューとして育てていきましょう。候補の段階では売れ個数が絞り込みの判断材料になりますが、最終的に1品を決めて看板メニューに仕上げていくのはあなたです。分析をしたら、勝手に育つ集客看板メニューが見つかるというものではないのです。なお、通常のABC分析で行なうより、チャートによって分析するほうが容易です。ぜひ参考にしてください。

また、現場の接客力が弱い場合、おすすめ接客に慣れさせたり、勝ち癖をつけるために、鍋や冷やし中華のように、短期的によく出るメニューを季節集客看板メニューとしてまず挑戦してください。これだと、販促が未熟で失敗しても、やり直しが効きます。

季節集客看板メニューは、商圏内のどこよりも早く置くことがコツです。それ以外は、集客看板メニューのやり方とまったく同じで大丈夫です。

迷わず看板メニューを決めよう

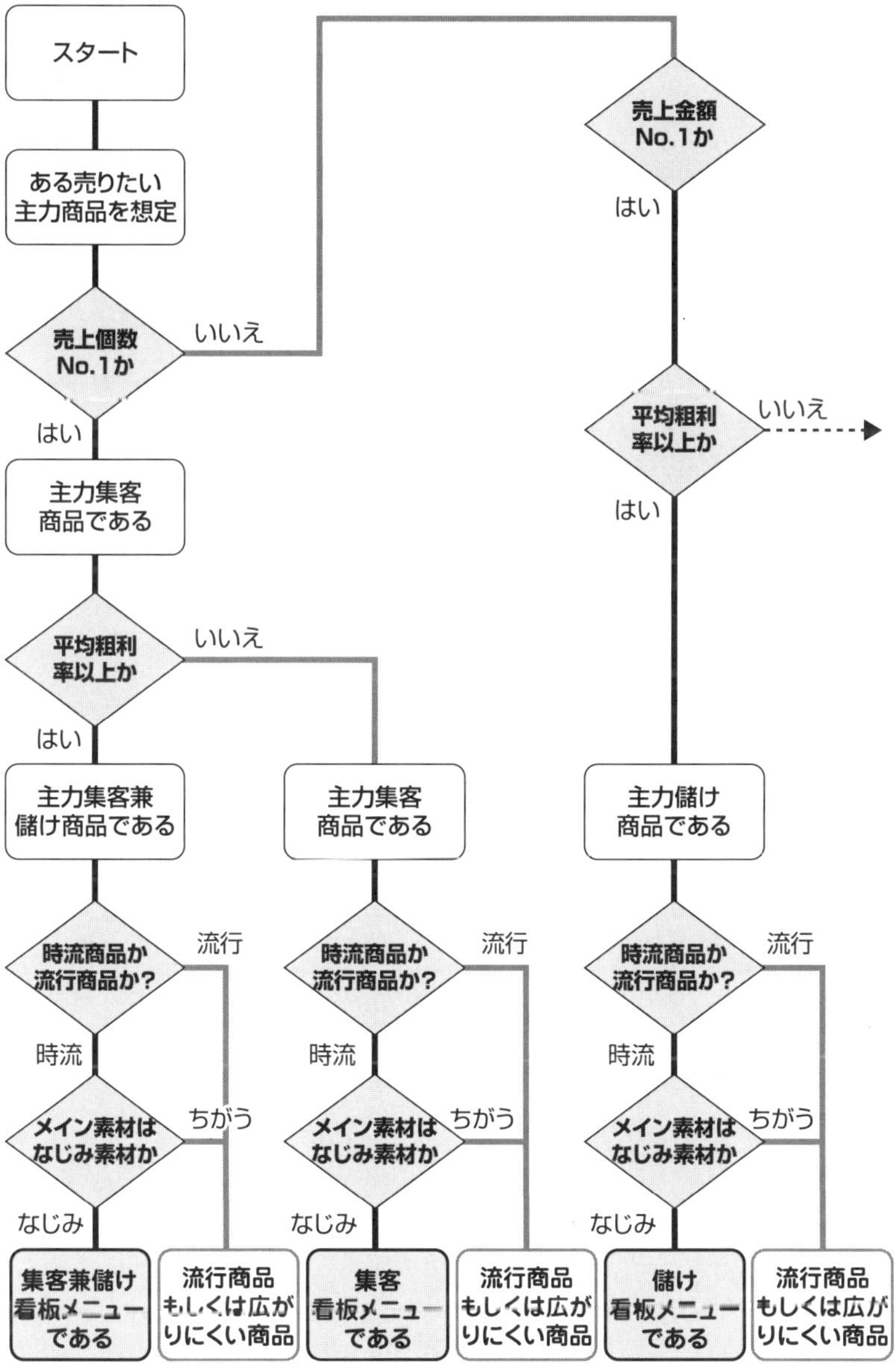
スタート
ある売りたい主力商品を想定
売上個数No.1か
いいえ
はい
主力集客商品である
平均粗利率以上か
いいえ
はい
主力集客兼儲け商品である
主力集客商品である
売上金額No.1か
はい
平均粗利率以上か
いいえ
はい
主力儲け商品である
時流商品か流行商品か?
流行
時流
メイン素材はなじみ素材か
ちがう
なじみ
集客兼儲け看板メニューである
流行商品もしくは広がりにくい商品
集客看板メニューである
儲け看板メニューである

Section 07

看板メニューの名前を売れ筋に変えよう

▼お金をかけず覚えてもらう

看板メニューのネーミングは、お金をかけずに売上アップに寄与する大切なものです。

美々卯の「うどんすき」、蓬莱軒の「ひつまぶし」などは最高の名前です。名前＝その商品を表わしているからです。口コミするときにもいいやすく、聞いたほうも料理をイメージできるので記憶に残ります。

しかし、上記のように聞いただけで連想できるようなよい名前が思いつかなくても、枕言葉をつけることで、看板メニューを売れ筋の名前にする方法があります。

名前をつけるに当たっては、似た既存商品がない場合と、すでにある場合ではやり方が異なります。

似た既存商品がない場合は、商品名の前に店の屋号や経営者の名前といった固有名詞をつけるのが有効です。有名なところでは、「世界のやまちゃんの手羽先」、「おぐらのチキン南蛮」などがあります。

すでに類似商品がたくさんある場合は、状態を表わす形容詞、調理製法を表現した名詞、その料理が生まれた地名などを商品名の前に持ってくるのが有効です。

▼安直なネーミングは商品も安直と思われる

あまり感心しないのは、感覚的なイメージを商品名の前に持ってくる方法です。たとえば、「熱血らーめん」などはネーミングとしてはわかりやすいのですが、その安易さが商品の完成度の甘さを連想させてしまいます。

地名については、ひらがな、カタカナ、ローマ字よりも漢字でそれ自体を一つのデザインとして使用するほうが印象に残りやすく、ふさわしいでしょう。

実際に「佐世保バーガー」というものがあり、事情で商品名をSASEBOバーガーと入れざるをえないことがあったのですが、よくわからないぼけた印象を受け、急いで直したことがありました。

また、可能であれば、商品名と店名の商標登録をしておいたほうがいいでしょう。手続きについてここでは述べませんが、特許電子図書館（http://www.ipdl.inpit.go.jp/homepg.ipdl）というサイトから商標登録済の名前を検索することができます。

実は、名前が一番の販促

カテゴリー	具体的な言葉	備考
希少性	厳選・極撰、特選、極み、幻の、ランク（A5和牛）、地（鶏）、限定、銘柄（わかめ豚）、（何かで）世界No.1	一番の王道のパターン。しかし、根拠のない希少性が巷に増えているため、根拠を示した希少性の訴求が必要
独自性	○○さん家の、元祖、当店発祥	シェフ自身でない名前を借りた商品では、売り手に商品自体のポリシーが弱い場合が多く、長くもたない
本場	本家、元祖、本流、発祥、伝統、中国一級厨師調理の	客ニーズ合わせず進歩のない本家、元祖商品は、名前だけになり、すたれやすい
おいしさ	旬、肉汁たっぷり、食感×味で表現	1000円以内の商品には有効
手の込んだ、製法	○○仕込み、一頭買い付け、うどんすき、長熟	まだ穴場のキーワード
地域	博多ラーメン、夕張メロン	それがメジャーになったとき、名前だけでは差別化できないため、おいしさを入れた名前を考えておく
量	特盛り、いっぱい、ぶっちぎり	1品500円以内の日常の商品には有効
食感	とろとろ、ふかふか、プルプル	デザート、サラダなど、女性が好み、かつ流行性の高い商品に有効
安さ	セルフ、価格10年据置	これからの時代では、かっこ悪くマイナスイメージとなりやすい
見た目	わらじとんかつ、ひつまぶし	商標登録済みでないか確認が必要。できれば中身も表現できるとよい
根拠があまりないもの	十段、○○誌でおなじみの、店長おすすめ、調理長おすすめ、世界最強の、おかん（カレー）	店自身の定義（どうお客様にメリットがあるのか）が不明確なため、商品自体があいまいになりやすく、それだけを根拠とすると長く続かない

Section 08

集客看板メニューが出ても他の売上は下がらない

▼集客できれば売上低下はない

通常、集客看板メニューは平均単価より低い商品の場合が多いため、全体の売上が落ちないのかといわれる方がいます。客数が変わらなければ落ちる場合もありますが、このメニューできちんと集客できれば、確実に売上は上がります。

一時的な売上の低下を心配して、以前と同じ品揃えのままでは、いつまでたっても現状から抜け出せません。どうしても心配であれば、集客看板メニューの素材を良くした上グレードメニューをつくってください。それと儲け看板メニューで、客単価と粗利を上げることができるようになります。また実際のところ、一番安い商品だけを注文する方は少ないものです。

今、私のお付き合い先では、客数と客単価が同時に上がるという面白い傾向が出ています。昔は、客数アップと客単価アップを同時にするのは難しいというのが常識でしたが、集客看板メニューでお客様が店を評価してくれれば、それに比例してお金を遣ってくれるのです。

現在、チェーン店（20店舗）の営業会議に参加して売上傾向を見ていますが、それがはっきりと数字に出ています。つまり、集客看板メニューの売上を毎月上げている店は、これによってお客様とコミュニケーションができており、客単価も上がっています。ところが、集客看板メニューの出数を上げられない店舗は、客数と客単価が下がるダブルパンチに見舞われているのです。

▼もともとの人気メニューを集客商品に

現在は飲食店が乱立しているため、店舗選択の主導権はお客様にあります。また、外食するということにお客様は成熟しています。このため、いい店にはお客様が殺到しますが、悪い店にはほとんど行かないのです。

まずは、1品で「すごいね！」とお客様に思わせる店舗になれるか、が繁盛店になるためのハードルです。

そして不振店であればあるほど、もともとの支持が高いメニューを集客看板メニューにしないと成功しません。お客様と商品ニーズの不一致が、不振店である大きな原因なのです。

小冊子に掲載された餃子の売上キャンペーンの結果

GCC PRESS 2007.2.20 ❺

インナーキャンペーン 結果報告 ～餃々編～

餃心 チャオチャオ

「美味しいチャオチャオ餃子をもっとお客様に召し上がって頂こう！！」 この合言葉のもと2ヶ月間にわたって行われた「39キャンペーン」ですが、参加した２７店舗中３分の２にあたる１８店舗が、キャンペーン開始前月にあたる11月対比でチャオチャオ餃子の出数100%達成、そのうち９店舗が110%以上達成という結果で、幕を下ろしました。皆様２ヶ月間、お疲れ様でした。

具体的な結果は以下の通りですが、その他、**一日最高出数は、先月の北新地店の242枚** (2006.12.22記録) **を抜いて、ホワイティ梅田店が記録更新の257枚** (2007.1.2記録) **!!　一ヶ月最高出数もホワイティ梅田店で4,123枚** (2007.1月記録) と店舗の強みをうまく打ち出せたのではないでしょうか。

看板メニューの餃子が290円、その他の餃子が380～480円。普通安い看板メニューを売れば売上が下がるように思えますが、そうはなりません。新規客が増え、その１品に感動して客単価もアップしていきます。

チャオチャオ 7周年「39キャンペーン」
【キャンペーン期間】2006.12.1～2007.1.31

順位	「餃々」店舗名	「チャオチャオ餃子」出数 11月	12月	1月	チャオチャオ餃子 出数伸長率 (2006.11月 出数対比)	売上伸長率 (2006.11月 売上対比)
1位	大分都町店				144.2%	119.0%
2位	仙台駅前店				131.2%	119.2%
3位	阿倍野アポロ店				130.6%	124.8%
4位	広島新天地店				127.6%	118.8%
5位	栄店				119.5%	103.6%
6位	梅田本店				117.1%	99.3%
7位	ホワイティ梅田店				116.7%	110.0%
8位	大森店				114.2%	100.2%
9位	川崎仲見世通り店				111.5%	108.5%
10位	赤羽東口店				109.1%	107.7%

「チャオチャオ餃子の出数伸長率」と「売上伸長率」の相関

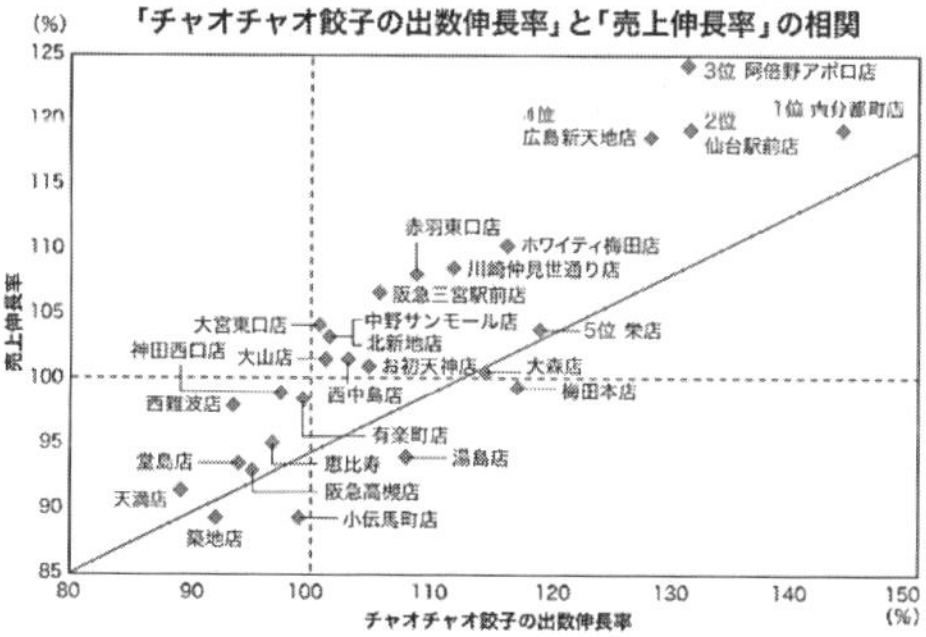

※上記グラフは2006.12月＋2007.1月の平均値と2006.11月との対比です
※ チャオチャオ餃子の出数 ＝【単品チャオチャオ餃子の出数（店内のみ）】＋【A、B、Cセット×２】＋【得10×10】
※ ランチや各店でのオリジナル定食などはカウントに含んでおりません

最優秀店舗賞 大分都町店

金一封・五万円也！

キャンペーン開始時から首位をキープし続け、1月になって出数が伸び悩んだものの、２ヶ月平均にして、11月対比で144.2%の出数伸長率は見事！　何事にも熱く取り組める素直さと、楽しみながら結果を出す人間力を評価！　まさに、店舗一丸となって取り組んだ結果といえるでしょう。

SV賞 広島新天地店

金一封・二万円也！

昨年6月に店長研修を卒業してまだ間もない田桑店長が、各店舗の先輩店長に負けることなくクルーをしっかりと率いて、出数伸長率・売上伸長率ともに堂々の4位！　クルーが個々に個人目標を掲げ、愚直にそれを追っかけていったことが結果につながった。ちなみに、クルー自身が掲げた目標に対する達成度は191.4%！　素晴らしいです。

努力賞 阿倍野アポロ店

金一封・一万円也！

店長とクルーが手作りの店内POPや黒板を使ってキャンペーンを訴求。チャオチャオ餃子の焼き方の再訓練をするなど、ソフト面も固めてキャンペーンに挑んだ結果が、出数伸長率３位、売上伸長率１位という数字に！

Best クルー賞

仙台駅前店・引地 匠（ひきち たくみ）

とにかく、まずは"チャオチャオ餃子"！という姿勢を終始貫き通し、キャンペーン終盤には、常連さん化したお客様も！　大健闘のチャオチャオ歴８ヶ月の期待のクルーです。

Best クルー賞

栄店・王 勇（オウ ユー）

来日約３年半、チャオチャオ歴１年半。チャオチャオ全店で NO.1ではないかという元気な声で「美味しい餃子いかがですか？」「幸せ餃子はいかがですか？」と店内からでも店頭でも積極的に声をかける姿勢がその理由！

Best クルー賞… いずれも金一封也。

Section
09

会計時に看板メニューの価値をお客様に聞こう

▼今、来店しているお客様から情報を得る

自分と相手とでは、同じものを見てもとらえ方が違う、ということがわかる人が繁盛店をつくれます。

「ラム肉が若い女性に支持されている」と雑誌に書いてあっても、若い女性全員がラム肉を好きで、ジンギスカン店に殺到しているわけではありません。

店に来ているお客様の嗜好をリアルに感じないで、雑誌などの情報だけで判断するのはもったいないことです。来店していただいているお客様一人ひとりとの関係の中に、繁盛店になるための答えが詰まっています。

そこで足場を固めて、自店のお客様のニーズを肌で感じながら、流行を取り入れていく必要があるのです。

▼得られた情報は全員にフィードバックする

お客様と確実に一対一になれるところが、会計時のレジです。レジで看板メニューの感想をお客様すべてに聞くことで、とらえ方が人により微妙に異なっていることがわかってきます。すると、それだけあなたの看板メニューに対する認識に深みが出てくるようになります。

まずレジ前で会計時に「はい・いいえ」で簡単に答えられる質問をお客様にします。「お客様が食べられた○○は、こってりしすぎていませんでしたか?」

そして、それに気持ちよく答えてくれたお客様には、「おいしかったですか?」と聞くようにします。

そして「うまかったよ」とすぐに返って来たお客様には、「どんなおいしさでしたか」と聞きます。

その一つひとつを、お客様の性別・年代とともにノートに書きとめていきます。そして、その内容をできるだけその日のうちにスタッフに伝えます。時間がたってからでは腰が重くなり、結局何も改善しないで終わるからです。また、ノートにはサイン欄をつくっておき、スタッフ全員に読ませるようにします。

「一般的な」お客様はいません。一人ひとりのお客様は違うのです。ただ何となくお客様を観察するのではなく、一つの商品を通じて、いろいろなお客様がいること、微妙に感覚が違うことを理解し、お客様への認識を広く深いものにすることが大切です。

レジでお客様から情報を集めよう

知識や情報より行動が大切

▼店長の言行不一致はダメ

看板メニューで売上をアップさせるために一番大切なことは、行動することです。

会議などで「これをやりましょう」と誰かが提案したとき、「ああ、それ知ってるよ。でもあれはダメだよ」という方がいます。そういう方の店を見に行くと、多くの場合、活気がなくパッとしない雰囲気です。それは、一つひとつの行動が徹底されていないからです。

また、私は店長会議に出席することが多いのですが、いうこととやることが伴っていない方が少なくありません。知識や情報が豊富で、報告も理路整然としているのですが、店長としての行動が徹底されていないのです。

今の店長の絶対条件は、売上アップを自ら行動することで実現させる率先垂範力があることです。

言行不一致の店長に対しては、「おっしゃることはすべて大切だと私も思います。ただ、あなたが自分で行動することは何ですか？　一つ話してください。そして、その進捗状況を次回の会議で発表してください」とお願いするようにしています。そして、たとえば「看板メニューのおすすめを全従業員でします」と答えたとすると、「あなたは何人の方におすすめしますか？」、「おすすめしたお客様の言葉に看板メニュー改善の答えがあるので、10人のお客様の声をそのまま書いて提出してください」とお願いしています。

▼いきなり完成形を求めないこと

能力の高い経営者に多いのですが、無意識のうちに、初めから完成形を部下に要求する方がいます。それでは、うまくいきません。プロセスを端折った状態でやらせると、一つひとつの行動の意味がわからないままマネをすることになるため、結果が伴わないのです。

そのような場合、「社長、ちょっと待ってください。社長の考えを実現させるために、いきなりでは無理が生じますので、今月はまずこれを実行することにしましょう。よろしいですか」と口を挟み、譲歩していただいています。なかなか難しいとは思いますが、これは企業のナンバー2の方の仕事なのです。

店長の行動力が最も重要

3章

集客看板メニューの店内シェアを7%に

Section 01

売上150%、店内シェア7%を目指そう

▼率先垂範力を磨く

ここまで読んでいただき、看板メニューの売上がアップすれば、全体売上もアップすることがわかっていただけたと思います。この3章は、店長自身の集客看板メニューの良さをお客様の視点から見られるようになることと、スタッフにも売ってもらうために、率先垂範力を磨いていただく内容になっています。

すぐに使える仕掛け（道具）は、4章で述べています。いくらいい仕掛けがあっても、使う側の態勢が整っていないと効果は半減します。ですから、この章を飛ばさず底力を鍛えて骨太店舗になってから、4章の内容を実行してください。

では、ここでいう「看板メニューを売るための率先垂範力」はどうすれば出てくるのでしょうか。

集客看板メニューを、調理から提供まですべてについてお客様が求めるものにすること（価値アップ）に苦心し、そのつらさを体験すると、「こんなにいいものにしたのだから、どうしてもお客様に知ってもらいたい」という気持ちが生まれます。そして、何人かのお客様から「このメニューいいね。おいしいよ」といってもらい報われることで率先垂範力が出てきます。

率先垂範力というものは、自主的に独自の行動をしなければ決して出てこないものです。前にも書きましたが、責任を取ることや失敗を恐れて、指示待ちしている店長には絶対にできません。飲食業のマーケットそのものが伸びている時期は、指示待ち店長でも結果は出せましたが、下がってきている時代にはそうはいかないのです。

▼集客看板メニューの売上をどのように増やすか

最初は、「差込メニュー表」とそれを使った「従業員のおすすめ」の二つで、出数を昨対同月比で150%、売上シェア7%以上の達成を目標にします。昨対同月の出数がない場合は、前月の集客看板メニューの売上構成比を当月の売上予測に掛けて基準の看板メニュー売上を出し、その15%アップを目標にします。

この集客看板メニューの売上アップから、店長自身の行動と率先垂範力を鍛えていきましょう。

餃子はラーメン店の集客看板メニューの代表

旨い皮、あふれる肉汁。
絶品!フレッシュ餃子
太鼓判
うちの餃子は毎朝作りたてがお店にとどく。餃子のおいしいラーメン屋さんの自信作です。ひんやり冷えた生ビールと一緒にバクバクといきましょう。やみつきの味です。
大皿餃子3人前780円(税込819円)
餃子・280円(税込294円)
生ビール冷えてますよ
餃子・唐揚と一緒にどうぞ!
生ビール(中)480円(税込504円)
ほんのちょっと飲みたい方に・・・
ひとくち生ビール280円(税込294円)
家族みんなで
美味しさいっぱい笑顔いっぱい
揚げたて
大皿唐揚げ 3人前980円(税込1,029円)
若鶏の唐揚げ(5ケ) 430円(税込451円)
餃子の美味しいラーメン屋さんの
もりもり食べよう「焼き餃子」
もう、たまらなく餃子が食べたくなる季節がやってきた。こんがり熱々でジュワーとあふれるたっぷりの肉汁。ひんやり冷えた生ビールと一緒にバクバクいきましょう。
太鼓判
ファミリー餃子5人前1,280円(税込1,344円)
焼餃子(6ケ)・・280円(税込294円)
熱々の餃子・唐揚げと一緒に!
生ビール冷えてます
揚げたて
家族みんなで
生ビール(中)480円(税込504円)
一口生ビール280円(税込294円)
ファミリー唐揚げ(2.5人前)1,150円(税込1,207円)
1人前も大人気!
鶏の唐揚げ・・・480円(税込504円)

産地や製法だけでなく、おいしさの「結果」をのびのび表現するのが、当たるPOPのポイント。

ところで、ラーメン店の集客看板メニューとなる「焼餃子」ですが、もしあなたの店が中華料理店かラーメン店であれば、7%以上の店内売上シェアがありますか?

Section 02

店長であるあなたが、まず売ってみせよう

▼店長が率先しておすすめを始めること

やってみせて、やらせてみせて、ほめなければ、スタッフは動きません。まずは「やってみせて」です。

差込メニュー表をつくり、スタッフには自分が最初にやると宣言して、おすすめをしていきます。初日に声をかける人数を5人前後と決め、毎日その人数を増やしていきます。それを2週間続けると、一緒にやり始めるスタッフが出てきます。もし、3週間続けてもそういうスタッフが出てこない場合は、最低ノルマを決めて、スタッフにもおすすめをしていくよう指示します。

お客様を席に案内した後、「こちらが当店の一番人気メニューです。召し上がったことはありますか？」と尋ねます。「ない」と答えたら、「ぜひ召し上がってみてください。○○でおいしく、他では絶対に食べられませんよ」とおすすめします。「ある」と答えたら、「いかがでしたか？」と感想を聞きます。何か答えてくれるはずですから、最終的には「それにしようかな」か「他におすすめはありますか？」のどちらかに落ち着きます。

▼ロールプレイングも有効

どうしてもおすすめが苦手だという場合は、ピークタイムの1時間だけでも実施してみましょう。忙しく、店全体に勢いがあり、あまり考える余裕もないため、かえってうまくいくものです。

また、誰かにお客様役になってもらってロールプレイングをすると、ハードルはぐっと低くなります。お客様役のスタッフは、繰り返してやっていると退屈してきて、いろいろなパターンを演じてくれるようになります。それに対して、店員役のスタッフが最後までやりきれば、本番でも言葉が自然に出てくるようになります。

なお、接客は常に一対一であることを大切にしてください。自分から発する言葉には、「独り言」、「私とあなた」、「私とあなたたち」の3種類しかありません。「私とあなた」の関係で話さなければ機械的な対応になってしまい、自分の言葉を相手の気持ちに届けることはできず、看板メニューを注文してもらうことはできません。それを忘れないようにしてください。

店長の取り組みを掲載した餃子店の小冊子

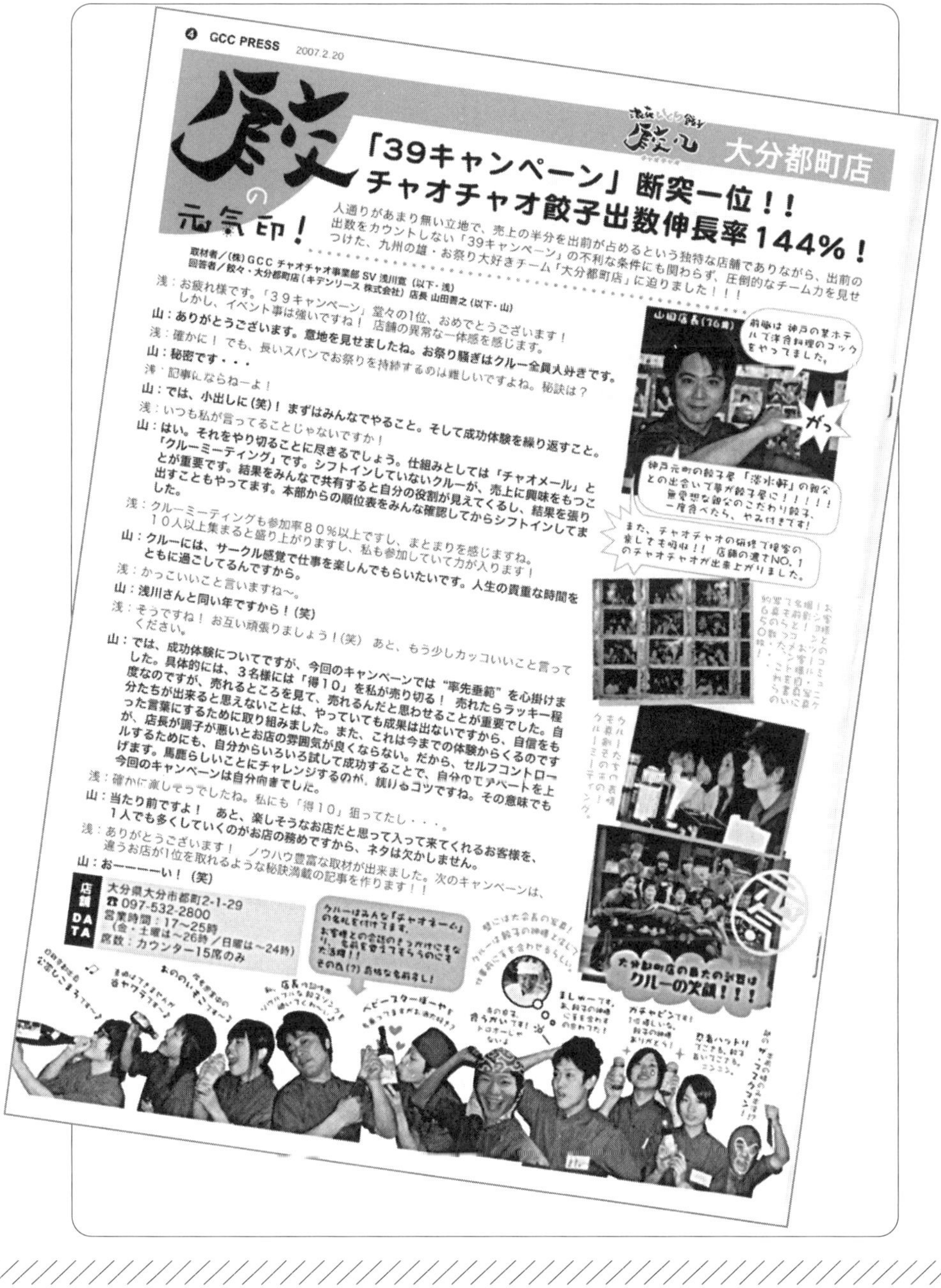

4 GCC PRESS 2007.2.20

餃の元気印！

餃々 大分都町店

「39キャンペーン」断突一位！！
チャオチャオ餃子出数伸長率144%！

人通りがあまり無い立地で、売上の半分を出前が占めるという独特な店舗でありながら、出前の出数をカウントしない「39キャンペーン」の不利な条件にも関わらず、圧倒的なチーム力を見せつけた、九州の雄・お祭り大好きチーム「大分都町店」に迫りました！！！

取材者／(株)GCC チャオチャオ事業部 SV 浅川寛（以下・浅）
回答者／餃々・大分都町店（キデンリース 株式会社）店長 山田善之（以下・山）

浅：お疲れ様です。「３９キャンペーン」堂々の1位、おめでとうございます！ しかし、イベント事は強いですね！ 店舗の異常な一体感を感じます。

山：ありがとうございます。意地を見せましたね。お祭り騒ぎはクルー全員大好きです。

浅：確かに！ でも、長いスパンでお祭りを持続するのは難しいですよね。秘訣は？

山：秘密です・・・

浅：記事にならねーよ！

山：では、小出しに(笑)！ まずはみんなでやること。そして成功体験を繰り返すこと。

浅：いつも私が言ってることじゃないですか！

山：はい。それをやり切ることに尽きるでしょう。仕組みとしては「チャオメール」と「クルーミーティング」です。シフトインしていないクルーが、売上に興味をもつことが重要です。結果をみんなで共有すると自分の役割が見えてくるし、結果を張り出すこともやってます。本部からの順位表をみんな確認してからシフトインしてました。

浅：クルーミーティングも参加率８０%以上ですし、まとまりを感じますね。１０人以上集まると盛り上がりますし、私も参加していて力が入ります！

山：クルーには、サークル感覚で仕事を楽しんでもらいたいです。人生の貴重な時間をともに過ごしてるんですから。

浅：かっこいいこと言いますね～。

山：浅川さんと同い年ですから！(笑)

浅：そうですね！ お互い頑張りましょう！(笑) あと、もう少しカッコいいこと言ってください。

山：では、成功体験についてですが、今回のキャンペーンでは"率先垂範"を心掛けました。具体的には、３名様には「得10」を私が売り切る！ 売れたらラッキー程度なのですが、売れるところを見て、売れるんだと思わせることが重要でした。自分たちが出来ると思えないことは、やっていても成果は出ないですから、自信をもった言葉にするために取り組みました。また、これは今までの体験からくるのですが、店長が調子が悪いとお店の雰囲気が良くならない。だから、セルフコントロールするためにも、自分からいろいろ試して成功することで、自分の中でテンションを上げます。馬鹿らしいことにチャレンジするのが、続けるコツですね。その意味でも今回のキャンペーンは自分向きでした。

浅：確かに楽しそうでしたね。私にも「得10」狙ってたし・・・。

山：当たり前ですよ！ あと、楽しそうなお店だと思って入って来てくれるお客様を、１人でも多くしていくのがお店の務めですから、ネタは欠かしません。

浅：ありがとうございます！ ノウハウ豊富な取材が出来ました。次のキャンペーンは、違うお店が1位を取れるような秘訣満載の記事を作ります！！

山：おーーーーい！(笑)

店舗DATA
大分県大分市都町2-1-29
☎ 097-532-2800
営業時間：17～25時
（金・土曜は～26時／日曜は～24時）
席数：カウンター15席のみ

Section 03

どんなときも「私とあなた」で話すことが大切

▼「あなたたち」に向けてもなかなか伝わらない

前項で、「私とあなた」の関係で話をすることが大切と書きましたが、それは、お客様に対してだけでなく、従業員に対しても同じことがいえます。

朝礼で、従業員15名の前で時間のかかる料理の対応について話すとします。「私とあなたたち」だけで話す場合は、次のようになります。「みなさん、最近、料理の遅延が目立っています。提供から15分以上かかる商品はご注文時にお客様にそのことをお断りしてから、注文していただくようにしてください」

ここで、「私とあなたたち」に「私とあなた」の関係の会話をはさんでみましょう。上の話の後に「山本君、今の話を理解しましたか？　じゃあ、私が注文するから今やってみてください。ここでできないと実際にできないからね」と。そして「伊藤君、今のやり取りを聞いてどう感じたかいってみてください」と続けます。

「私とあなたたち」だけの会話は、一人ひとりに注目していないためなかなか伝わりません。けれども、そこに一対一の会話をはさむことで、その本人はもちろん、周りの人にとっても他人事ではなくなります。

▼具体例でしっかりと理解させる

さらに、よりしっかり伝えるためには、抽象的な表現ではなく、具体例を出して話をすることです。

たとえば、「昨日11卓でグラタンを注文したお客様が、料理の出が遅かったため、キャンセルして怒って帰られました。最近、同様に料理の遅延が目立っています。提供から15分以上かかるグラタン、ドリア、ピザについては『お客様、そのお料理はオーダーをいただいてからの手づくりになりますので20分ほどかかりますが、よろしいでしょうか』と伺うようにしてください」というようになります。

自分の頭の中では、抽象化して整理しておく必要がありますが、人に伝える場合は、より具体的、個別的に表現するほうが理解しやすいのです。そして、一対一で、より具体的に話し、実際にやらせてみることが、物事を理解させ、会得させる際のポイントとなります。

「私とあなた」の関係で伝えよう

絶対評価と相対評価でスタッフに自覚を

▼方法は、まず差込メニューとおすすめで

4章の販促の仕掛けで、看板メニューの出数を増やす方法がありますが、それを先にしてしまうとその後があまり伸びません。まずは差込メニューを使った接客で目標売上150%、売上構成比7%以上を目指します。

店内でのお客様への告知は大事ですが、それ以上にスタッフへの教育、マネジメントが必要です。

具体的には、2項で述べたように店長自らが接客し、それを従業員に教えていくことになります。実施前には、朝礼時などに時間をとってロールプレイングをしておきます。そして、おすすめをして注文いただいたお客様の伝票には印をつけておいて、会計時に「お味はいかがでしたか」と聞くようにします。

▼過去の自分と戦えるか

また、一日でその達成度がわかるよう、個人別販売数と月の累計グラフをバックヤードに貼り付けます。これは月単位で管理していきます。

絶対評価とは自分自身との比較、相対評価とは他人との比較でどうかということですが、絶対評価として、前月の自分の販売数を更新したスタッフには500円の商品券を渡し、相対評価として、月間で一番多く売ったスタッフには、より多くの商品券を出すようにします。

このように行動の結果を明確にし、頑張った人を表彰する習慣を店舗に根付かせます。基準が相対評価だけだと、「あいつは特別だよ」といって初めからやらないスタッフが出てくるため、絶対評価も取り入れて、過去の自分を超えたことについてもほめるようにするのです。

他人との比較ではなく過去の自分との比較ですから、責任はすべて自分にあります。もし、絶対評価でも負け続けているのであれば「どうなっているのか。これからどうするのか」と問いかけ、少し厳しく対応する必要があるでしょう。それは、過去の自分と戦えないスタッフにいてもらっても、店は進歩しないからです。

もちろん、店長がしっかりと教育することが肝心ですが、それでもダメな場合は、辞めてもらうことも視野に入れるべきでしょう。

有言実行させるための看板メニューの売上アップシート

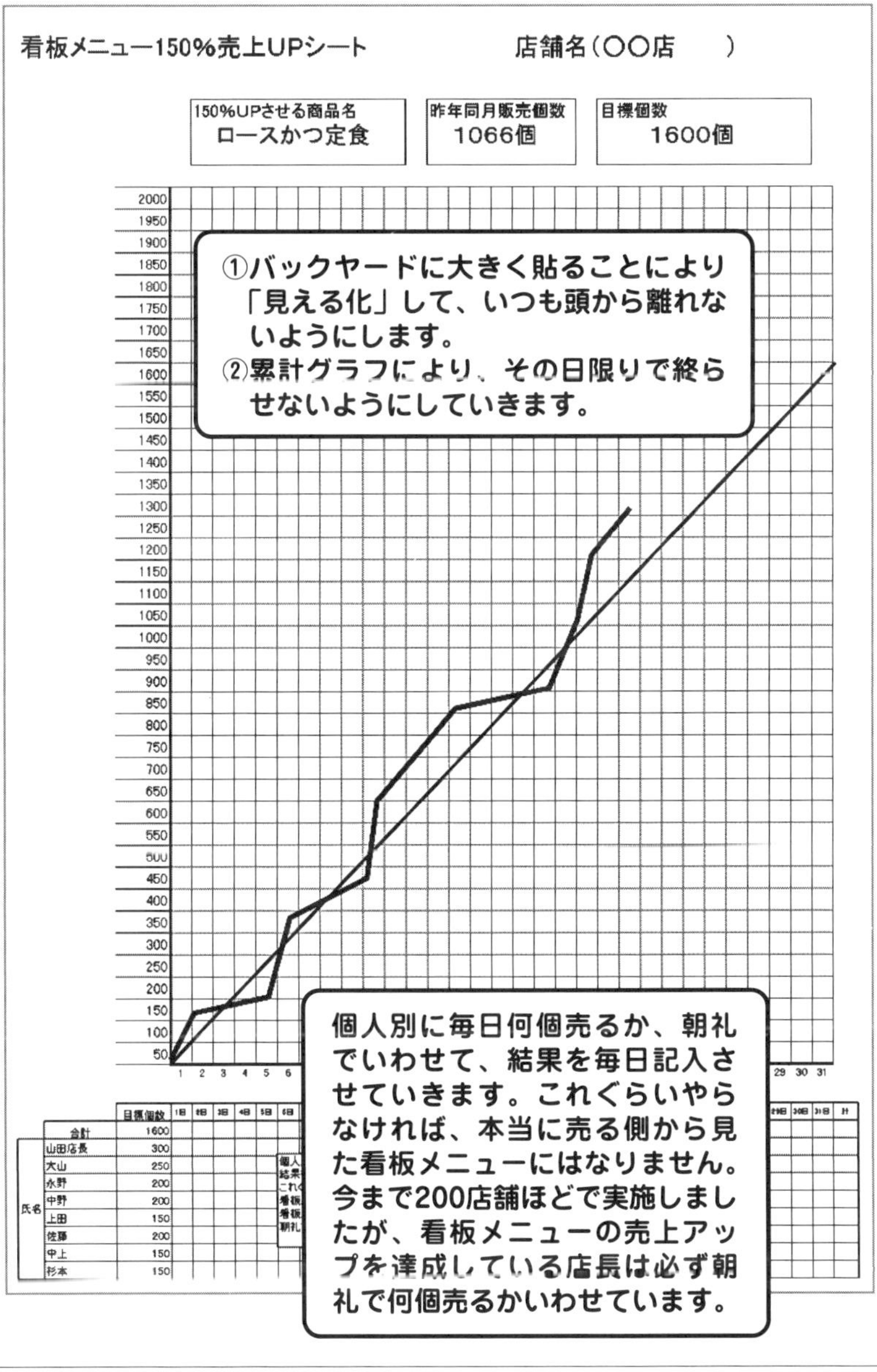
看板メニュー150%売上UPシート
店舗名（〇〇店　　）
150%UPさせる商品名
ロースかつ定食
昨年同月販売個数
1066個
目標個数
1600個
①バックヤードに大きく貼ることにより「見える化」して、いつも頭から離れないようにします。
②累計グラフにより、その日限りで終らせないようにしていきます。
個人別に毎日何個売るか、朝礼でいわせて、結果を毎日記入させていきます。これぐらいやらなければ、本当に売る側から見た看板メニューにはなりません。今まで200店舗ほどで実施しましたが、看板メニューの売上アップを達成している店長は必ず朝礼で何個売るかいわせています。
目標個数
合計 1600
氏名
山田店長 300
大山 250
永野 200
中野 200
上田 150
佐藤 200
中上 150
杉本 150

「共感的認識」と「私メッセージ」を身につけよう

▼お客様と同じ感情で言葉を返す

お客様にお味の感想をうかがい、そのおいしさを具体的に聞き出すことが重要であるといいましたが、そのお客様の感想にどう返事をすればいいのでしょうか。

それは、共感的に認識して、相手の意見を受容して、「私メッセージ」で返すことです。

共感的認識とは、うれしいとか悲しいという感情を込めて言葉を返すことです。せっかく料理がおいしいくてほめたのに、そこの従業員の「ありがとうございます」がよそよそしければ、気持ちが冷めてしまいます。

自分の感情はひとまず置いておき、お客様と同じ感情で言葉を返すのがプロです。もちろん、スタッフに対してもそのように振る舞うべきです。

実は、この共感的認識には「受容」が必要です。受容とは「あなたはこう考えているんですね」と受け入れて理解することです。受容は、「あなたがこう思っている」ということを受け入れているだけで、「自分もそう思う」という同意ではありません。

ただ、受容することが身につくと、自分の主観は置いておけるため、いろいろな客層のことが見えてきます。看板メニューをあらゆる客層に合うようにすることが可能になるし、お客様は自分の思いを受け止めていることを理解してくれているため、積極的に話をしてくれるようになり、固定客にもなってくれます。

▼「私メッセージ」はスタッフに対しても有効

共感的認識で返事をしていても、「自分であれば違う」ということもありえます。それを相手に伝えなければならない場合、「私メッセージ」で返すと相手に受け入れてもらいやすくなります。

具体的には「あなたが○○すると、私は悲しい」というように、「あなたは間違っている」と非難するのではなく、相手の行動によって自分がどう感じているかを表現します。相手は、自分が否定されていると感じないため、素直に耳を傾けてくれる可能性が高まります。

お客様だけでなく、スタッフに対しても私メッセージを使いましょう。従業員教育の場面でも有効です。

「私メッセージ」を身につけよう

EXIT
今日の魚やわらかくて最高にウマかった！
スグに口の中でとけてしまいますよ・ネ

当たる差込メニューはこうつくる

▼まず内容を絞り込む

先にも書いたように、看板メニューマーケティングでまずやるべきことは差込メニューづくりです。

先日、リニューアルオープンをするにあたって、看板メニューマーケティングを取り入れたいという経営者の方にお話をさせていただきました。その方は、差込メニュー表、グランドメニュー表、店頭A型看板、のぼり、ショップカードと、すべてを一度につくろうと考えていました。内容と媒体を同様にとらえていたのです。

▼差込メニュー作成のポイント

まず内容を先に決め、媒体はその後に決めていくのです。この仕分けが重要なのですが、この点を理解している方はなかなかいません。もし、内容の薄い差込メニューであるのなら、グランドメニューもA型看板も、みんな内容の薄いものになってしまいます。

このときは、その経営者に内容が深まれば後は楽であることを理解していただき、差込メニューづくりから取り組み始めました。

差込メニューを「看板メニューをPRするもの」に変えても売れ個数がアップしなければその内容が悪いため、その後、A型看板やショップカードをつくってもそれほどの効果は出ません。つまり、販促の費用対効果を高めるには、差込メニューを磨くのが一番なのです。

当たる差込メニューのポイントは、八つあります。

①飛び出る看板メニューの写真、②価格、③短いキャッチコピー、④詳細説明（おいしい、体に良い、食べやすい、見栄えにおいしさ感があることについての説明）、⑤調理過程に加え、⑥オーナーの調理中の横顔写真と一言あいさつを、⑦暖色系で、⑧横書きが主体なら1行縦書きで「これだけは伝えたい」という文字を入れます。

つくり方の手順ですが、左の表を参考にして、詳細説明を詰めていきます。ここで、内容を項目ごとに分析するとともに、レジでお客様から聞いた看板メニューの評判を接客ノートから転記してまとめていきます。

詳細説明がまとまったら、一言で伝わるキャッチコピーをつくり上げます。

看板メニュー価値分析シート で整理しよう

		粗利額No.1商品
基本データ	商品名	ネギネギ極上カルビ
	売価／粗利率	2100円／40%
	売上構成比（全体での）	12%
なぜ人気があるのか（あなたの仮説を書いてください）		▶とろける和牛をたくさん食べられ、胸焼けしないので堪能できるから▶もともとのカルビは当店で一番柔らかくて濃厚な味がするお肉だから▶ネギがはさんであり焼くだけで食べやすい
おいしさ	こうおいしい（※）	▶口の中で濃厚な旨みが広がった後とろける▶ネギで後味が超さっぱりくどくなく何枚でもいけちゃう
	その原因（素材）	▶前沢牛A5ランク和牛（寒い地方なので他に比べて脂がよりさらっとしている）▶ほのかな甘みのある脂▶赤身と脂の絶妙バランス（1頭から15人前前後しか取れない）▶シャキシャキ白髪ネギがあっさりした味にする
	その原因（調理）	▶お肉は14日間の長期熟成▶1枚1枚肉の状態を見て手切り▶ネギは手で挟んでいる
体への良さ	こう体に良い（※）	▶動脈硬化の心配なし▶ネギで免疫力アップ▶ミネラルたっぷり
	その原因（素材）	▶和牛なので脂の融点が低く、体に蓄積しにくい▶ネギは肝機能、免疫力を高めて血圧を下げる▶天然塩使用でミネラルたっぷり
	その原因（調理）	▶炭火で余分な脂が落ちる▶ネギは1時間水でさらしてアクぬき
食べやすさ	食べやすさの工夫（形、調理法、味付け）	▶ネギがはさんであるためそのまま焼いて食べられる▶後味もネギであっさり
	その原因（素材・調理）	▶厚み8ミリの食べやすさを考え1枚1枚手切り▶肉に横から切り込みを入れネギが手ではさんである▶塩とネギであっさり食べられる▶つけダレにつけてもOKで冷めても食べやすい
そのメニューの誕生エピソード（あなたが知っている範囲で）		▶常連のお客様が、ここのお肉はすごくおいしいけど歳をとってきたので2枚ほど食べれば十分。でも、あっさりともう少し多く食べる方法がないかな？と言われ社長が考えて出したところ、あっさりしていてかつネギも挟んであり焼くだけで食べやすいとお客様はそのメニューのファンになった
ズバリキャッチコピー		▶口いっぱいにとろける東北前沢A5和牛の至福の味▶東北産の甘くさらっとした脂とネギであっさり、何枚でも食べちゃう

※こうおいしいは、お客様の視点で書いてください。こんな味、香り、食感など。こう体に良いは、その食材を食べた結果どうなるのかをお客様の生活での視点で書いてください。たとえば毎日の目覚めが違うなど。

看板メニューについて5分間熱く語ろう

▼お客様視点で語ること

分析シートができて、よい差込メニューができても、お客様に対しておすすめができなければ、集客看板メニューの売上を150％に持っていくことはできません。

大切なことは、あなたが看板メニューについて5分間熱く語れるか、ということです。お客様の前では1分間でかまいません。ただ話すだけではダメで、お客様の視点で話す必要があります。前項の分析シートはお客様の視点でまとめるようになっているため、それを中心に話すことができればOKです。本当にお客様のことを考え、四つの価値について商品を磨いていると話すのです。

ここでは細かいことは考えず、3％の違いを300％の違いに聞こえるように語るのがポイントです。そして最初は、「当店の看板メニューの○○はご存じですか？（いかがでしたか？）」というように、「はい・いいえ」で答えられる質問をします。

注文前に声をかけるに越したことはありませんが、「今度来店するときに注文してくれたらいいなあ」というスタンスで話ができれば食後でもOKです。

「○○産の和牛カルビを召し上がったことがありますか？」、「当店の坦々麺のゴマは、毎日店内でひいているのですが、香りがしますか」、「お客様は辛いのは大丈夫ですか」。そのようにして声をかけてから、お客様の話を聞き、看板メニューについて語るタイミングを見つけていけばいいのです。そして、熱く1分間、お客様の眼を見て語りましょう。

▼独自の食べ方を教えるのも有効

こうすると、より看板メニューがおいしくなるというカスタマイズ法を教えるのも有効です。

韓国風鉄板鍋が名物の店では、鍋に丸腸という小腸とトックという韓国のお餅を入れるとおいしくなるので、その食べ方をお客様に教えています。このようなカスタマイズは有効で、お客様にとっては、ここでしか食べられない味になるだけでなく、常連の優越感を味わえるため、友人を連れて来るという口コミ効果も得ることができます。

語ることによってできた楽しみ方を伝えるPOP

炒りたて、すりたて
健康ゴマパワー！
毎日仕込みの本格派
名物
タンタン麺
うちのお店は
ゴマのいい香りがいっぱい。
タンタン麺屋だから
やっぱり手間かけ真心込めて
毎日毎日作りたて。
とにかく食べてみて下さい。
ほら、もうやみつきですよ！
熱烈 タンタン麺・・・680円（税込714円）
刺激的 スーパータンタン麺・・780円（税込819円）
名物 タンタン麺を100倍楽しもう！
体に良くて美味しくて とってもヘルシー タンタン麺をもっと楽しもう！
其の1 新鮮なゴマの香りをまずは味わうべし
其の2 口いっぱいに広がるスープの辛さとゴマの旨味をじっくりじっくり味わうべし
其の3 まっ赤なスープがからんだ玉子麺のコシと味を楽しむべし
其の4 たっぷり乗った肉みそをよ～く混ぜて、旨味をさらにアップするべし
通好み 炊きたてホカホカのまっ白ご飯と一緒に。タンタン通の食べ方すべし

このPOPの内容をお客様に伝えるだけで1分はかかります。参考にしてください。

どんどん看板メニューをおすすめ販売しよう

▼どんな声かけをすればいいか

看板メニューを接客で売るポイントは、「声かけ」と「ズバリのおすすめ」です。

声かけについては、①席案内後でも、自分がそのお客様とその日初めて会ったのであれば、さり気なくあいさつをする、②ウエイティングで「当店は初めてですか」、「○○は食べられたことはありますか」と話しかけ、おしぼりやドリンクをサービスする、③「寒くなりましたね」といった気候の話題や、スポーツの結果など一般に共通する話をする、などの方法があります。

▼さり気ない接客を

次に看板メニューのおすすめですが、慣れればこちらは簡単です。①居酒屋であれば、さっと「とりあえず、看板メニューの手羽唐を何人前お出ししますか」と聞く、②「お客様、当店の看板メニューは○○です。ぜひご賞味ください」と短刀直入にいう、③肉なら「ジュワーッとしておいしいですよ」、刺身なら「プリプリしてうまいですよ」と食感をまじえて説明する、④「この時期は、脂が乗っていて格別おいしいのでおすすめです」と旬をからめる、⑤「こちらはコラーゲンたっぷりで、明日起きたらお肌が違いますよ」と美容とからめる、⑥レジで会計時に「今度来られたときは、○○を食べてください。うまいですよ」と次回来店の営業をしながらおすすめする、などがあります。どの場合も、話しかける内容よりもさり気なく接客できているかが大切です。

社会心理学者のメラビアンによると、人は初対面の人を、言葉7％、声38％、顔55％で判断します。つまり、表情や発声が良ければ、話の上手下手はあまり関係がないということです。短期間におすすめ上手になりたければ、次の三つを順番にしていけばいいでしょう。

①デパートの販売員に片端から「店は何時までですか」と聞く、②知らない人に声をかけて郵便局の場所を聞く、③自店のチラシを持って飛込み営業を行なう

忘れてはならないのは、看板メニューをおすすめした後に、どうだったかをお客様に聞くことです。ただ「ありがとうございました」で終わらせてはいけません。

短期間でおすすめ上手になるには

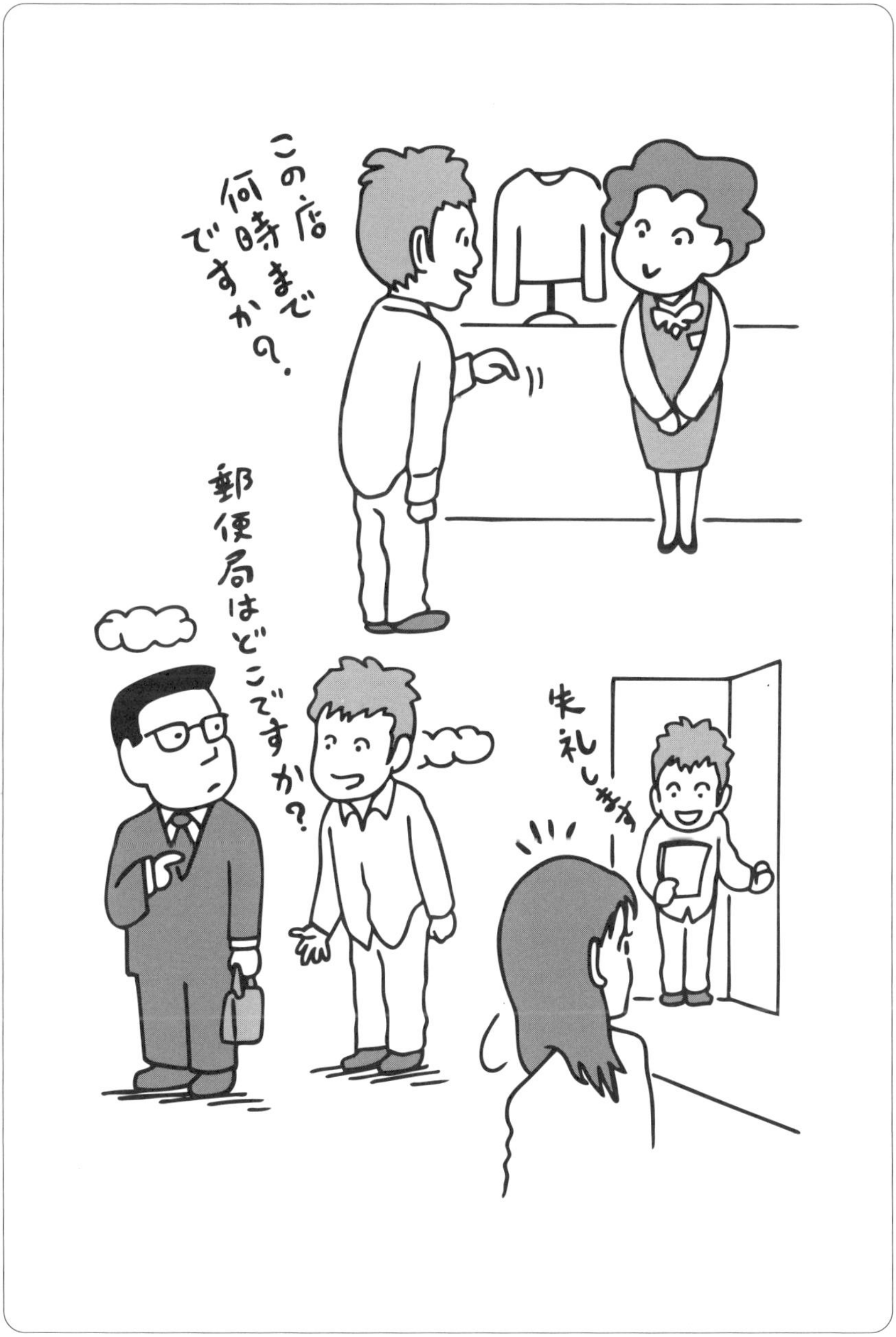
この店何時までですか?
郵便局はどこですか?
失礼します

スタッフ同士でロールプレイングをしよう

▼全員に意見をいわせること

スタッフが全員参加し、看板メニューのおすすめトークを考え、それをもとにロールプレイングをしてみましょう。自信を持って売れるようになります。

スタッフに集まってもらい、看板メニューの四つの価値、①おいしさ、②体への良さ、③食べやすさ、④見栄えの良さ（おいしさ感・シズル感）について、具体的にどう他店と違うのかを雑談形式で話してもらいます。

このときに注意することは、必ず全員に一言は発言させることです。意見がなければ、「今、何を感じているか」を聞き、それについてを話してもらいます。とにかく全員を舞台に上げ、主体性を持たせるのです。

店長は、必ず一人ひとりと対話をするようにしてくださ い。こちらの問いかけに返事がなければ、何か答えてくださいと促して話を進めていきます。そうして、意見をすべてのスタッフにいわせた上で、最後は店長自身がまとめていきます。

ここで決めたおすすめトークをスタッフに覚えてもらい、お客様に話しかけるようにします。1ヶ月間、これを徹底した後はアレンジしてもいいことにして、それぞれが工夫できるようにしておきます。

▼共感的認識の練習も

ここまでは、どこの店もやっているレベルですが、この機会を活かして、スタッフに、受容→共感的認識→私メッセージの大切さを教えていきます。

具体的には、レジ前で聞いたお客様の感想やブログでお客様がほめてくれた内容を抜き出し、店長がお客様役となってそれを読み、スタッフに共感的認識で返事をさせる練習をその場でさせていきます。

私は、まず自分がやってみせて「これができれば異性にモテるようになるよ」といって楽しい雰囲気をつくります。そして、スタッフ一人ひとりに「お客様、すごくうれしいです！」という感覚を持たせて、共感的認識でお礼をいわせる練習を行なっています。

この方法は精神論によるものではなく、お客様の声に基づいた無理のないアプローチ法なのです。

ブログ上のおほめの言葉も利用しよう

佐世保バーガーブログ感想意見（お客様がおししいと言っても自分のおいしいと違う場合があるから必ず聞こう！そして共感的認識で返事をしよう）

	お客様の意見	感じたこと
1	佐世保バーガーは押さえた。よしだんなの中でベストバーガーだ。上のバンズがカリカリに焼かれていて、卵2個半熟焼き、照り焼きハンバーグに分厚いベーコンと絶妙の特製マヨネーズ。	
2	これも間違いなくうまいです。具材も豊富で、かぶりつく場所によって味が変化するのも楽しい♪ ハンバーガーのパテが和牛で、味もワンランク 上の高級感を感じます。そのぶんパンもファーストフード店と比べるとワンランク上のものですね。甘み強め、やわらかめ。パテとバランスが取れているのではないでしょうか。	
3	バンズはふかふかのもの、和牛100%の薄めのパテ、5mmの鹿児島産黒豚のベーコン、トマト、レタス、オニオン、チーズ、マヨネーズ、胡椒、ケチャップなどがどりゃ～ と詰められている。なかなかマヨネーズの味がこの地のハンバーグの味付けを決めているというのが、食べてはそんなに突出した感じは受けない。 これも野菜がたっぷり入っているせいだろう。	
4	中は肉、卵、ベーコン、レタス、たまねぎ、チーズと盛りだくさん。大き目のバンズいっぱいに広がる肉が嬉しい。ソースはケチャップ&ソースっぽい味。そしてマヨネーズがたっぷり。焼きたてのバンズはフカフカで風味が良い。美味しい～～。	
5	佐世保バーガーが出てきました！ 玉子の半熟加減がたまりません。レタスとトマトとベーコン、たまねぎ&エッグが、ごちゃごちゃと詰め込まれている。バンズのこんがり具合もいいし、なんといってもマヨネーズが甘くて美味しいのよねぇ。ただお肉が薄っぺらかったのが残念だけど・・・	
6	ソースはマヨネーズベースに少し甘辛い風味付け。レタス，オニオンがたっぷり入っていて食べ出がある。ハンバーグよりもベーコンと卵の存在感が強い。	
7	一口がぶりっ！お肉がぁ～ソースがぁ～良く合うのですよ～なんていうか…マックみたいな直球な味付けではなく、全体的に優しくつつまれた感じな味。思わず、友人Mと「おおっ！」と呟いてしまいました。つまり、それだけ美味しいデス。	
8	なんでしょう、厚切りのベーコン、特製マヨネーズ、和牛100パーセントのパテ、こんがり焼けた味のしみたパン。。。えーと、それらのハーモニーが、ええっと・・・（=3=;）グルメレポーターのように上手に説明できませんが、なんか、あの、美味しいです。はい。なんにも考えずワシワシと食べるのが正解です。たぶん。はい。	
9	パリッと香ばしいバンズを両手で押さえつけると、肉汁やオリジナルソースが滲み出てきて、全体に良く馴染む。一度頬張ると何度でもかぶりつきたくなる、止め処ない美味しさ。野菜もたっぷり。後半は卵がひょっこり顔を出したり。大きいのに飽きは全然来ないです。	
10	肉、卵、厚さ5ミリほどもあるベーコン、しゃきしゃきレタス、たまねぎ、チーズ、トマト。マヨネーズ、甘めのケチャップがたっぷーり入っていて、グルメバーガーの中でもかなりジャンクな味わい。最近のグルメバーガーというと割とお肉がジューシーで厚みがある感じですが、ここのものはお肉は薄めでぎゅっと焼かれており、ベーコンも家庭的な感じ。洋食屋の懐かしのハンバーガーというようなそんな味わいかもしれません。「うわーー懐かしい！」そんな気持ちでもりもり大きな口をあけて食べました。	
11	あ、ちなみに私は生トマトが苦手なので写真はトマト抜きです。どうですよ見た感じ。なかなかいいでしょう。これね～、とても調和が取れています。ボリュームがあるけど一口でがんばって頬ばれる大きさナイス！ 肉汁と生野菜の一体感だあ。特にスライスオニオンの薄いカットとみずみずしさは私好み。レタスも多すぎなくていい。	
12	目玉焼きとベーコンとチーズも生まれたときから兄弟だったみたいみたいにシッカリした絆で結ばれてる。バンズは軽めで焦げ目がきれいについている。ミートにからんでいるオリジナルソースがほんの少しだけ甘くて照り焼き風。挽きたて新鮮な肉… のも食べたいな。	
13	さぁ、熱いうちにパクリ。おぉ～、お肉のジューシーな旨みが口の中いっぱいに広がります。そして全… 進めるほどに絶妙なハーモニーを生み出します。なんか色々出てきます。オニオンとかスパムハム… ガー始めてかも。だんだんバンズが肉の旨みを吸い込んでしっとりしてくるのも面白い。こりゃ一新し… ヨ！	
14	早速ガブリ。口いっぱいに広がるその味は、いろんなものがサンドされているのにもかかわらず、不… せず、同じ目標に向かって駆け抜けているカンジ！（？）後味に残るほのかな甘みはトマトとオリジナ…	
15	全ての材料がバランスよく混ざった感じがかなり美味です。目玉焼きの黄身がとろんっ。とっても幸…	
16	私の印象としては"日本的ハンバーガー"。バンズはもちろん、ケチャップも酸味抑え目でなんか全… 焼きの好きな人に好まれそう。	
17	「つぶして食べてください！」と、スタッフの女性。言う通りにすると、ジュワ～っと肉汁がぁ～♪バンズ… テもなめらかで、うまひ。ベーコンも厚みがあって、ぐ～?おいしかったぞ、佐世保バーガー。	

ブログのおほめの言葉を使い、共感的認識と返事を磨くロールプレイングも可能です。店長がお客様役としてその意見をいい、それに対し従業員が考えた上ではなく、「うれしいです！」という気持ちを込めた返事が返せるようになるように何度も練習します。これさえできれば、接客が楽しくなり、後は、勝手に伸びていく従業員がたくさん出てきます。

看板メニューの歴史をスタッフに伝えよう

▼看板メニューにも沿革を

会社案内には、その会社の沿革が書かれているものですが、スタッフに自信を持ってもらうために、看板メニューの沿革もまとめてみましょう。①おいしさ、②体への良さ、③食べやすさ、④見栄えの良さについて、どのように苦労し、商品力を高めていったかをまとめ直していくのです。そのときの苦労話は、私的なものではなく、自社のノウハウそのものです。

会社が大きくなると、それを前提にして従業員が入ってきます。彼らは、会社が小さかった頃のことを知りません。つまり、大きくなっていく過程での経営者や先輩社員たちの苦労を知らないわけです。

▼全員が自信を持っておすすめするために

看板メニューについても同じことがいえます。お客様から見て、価値の高い看板メニューになっているのに、後から入ってきたスタッフは、ただ言葉だけで捉えがちです。つまり、看板メニューの深さの認識やそれに対する自信が先輩たちよりも希薄なのです。

私たちは、ビルで上階に上がるときにエレベーターを利用しますが、停電でエレベーターが使えなくなったとき、初めてその存在の大きさを理解します。それは、生まれる前からエレベーターがあったからです。

看板メニューについても同様です。たとえば、その盛り付けについても、何か理由があってそうなってきたはずです。そういったことをA４判の紙１枚にまとめて従業員に渡すだけでも、看板メニューに対する自信が変わってきます。

私のコンサルティング先で、フランチャイザーが食材の質を落としたことが原因でもめ、突然、食材供給をストップされた会社があります。その会社は、アルバイトまでも一丸となって味の再現を行ない、そのフランチャイザー以上の価値のあるメニューがつくれるようになりました。せっぱ詰まった状況とはいえ、味について全員が一から追体験する機会となり、心から自信を持って看板メニューを提供できるきっかけになりました。自信とは苦労の過程を知ることで身につくものなのです。

店の歴史、料理の歴史を知り、知ってもらおう

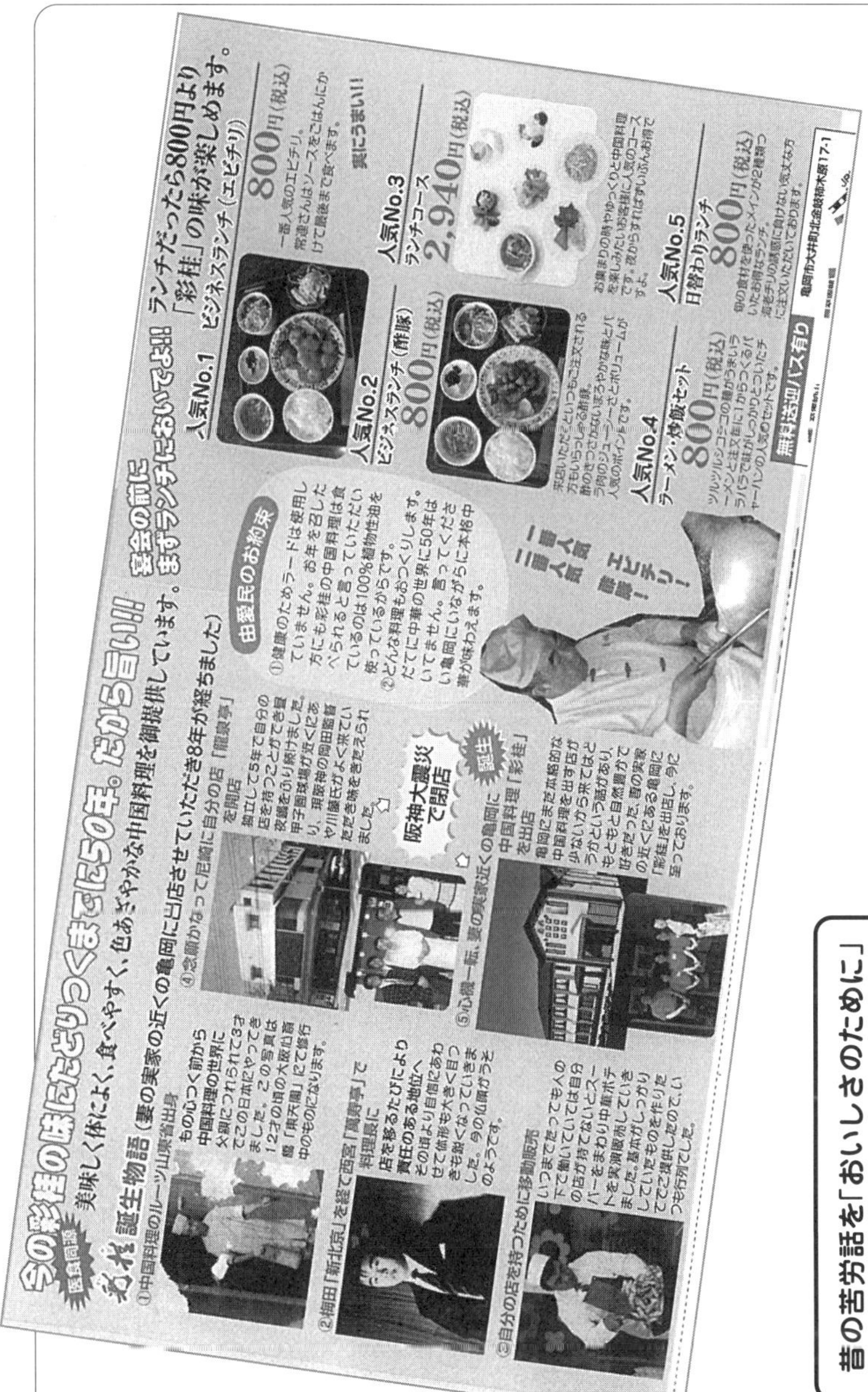

昔の苦労話を「おいしさのために」再編集して、おいしさの深さを明るくお客様・従業員に伝えよう。

01　アンケートで売上200%を達成しよう

02　盛り付けの工夫でパワーアップさせよう

03　「極み集客看板メニュー」に挑戦しよう

04　集客看板メニューラインを増やしてどんどん売ろう

05　集客看板メニューのＰＯＰで店内を華やかに

06　店頭のぼり・Ａ型看板・シンボルで徹底的にＰＲ

07　看板メニューで月１回のミーティングを

08　看板メニューに集中するお客様用伝票をつくろう

09　お客様アンケートを有効に活用しよう

10　真剣に取り組み、楽しく伝えよう

4章

仕掛けで集客看板メニューの売上を200%に

アンケートで売上200%を達成しよう

▼「うまい」、「まずい」に分けて掲示

従業員のおすすめによって、集客看板メニューの売上が150%、売上構成比が7%を超えてきたら、その150%を一気に200%までもっていきます。その初めに行なう仕掛けが「1000人アンケート」です。

1000人アンケートとは、左の写真のような差込メニューをつくり、注文した方にアンケートに答えていただき、金券でキャッシュバックするというものです。事例では、2100円の海老チリソースを注文された方に500円の金券返しを行ないました。

このアンケートを「うまい」、「まずい」に分けて入口脇に掲示します。まず、この掲示によって、入店客にそのメニューが印象づけられ注文率が高まります。次に差込メニューで看板メニューの価値を伝え、注文率を高めます。そして最後に、キャッシュバックでアプローチするのです。この仕掛けを実施することにより、瞬間的に看板メニューの売上は200%までアップします。

アンケート回収は精算時に行ない、その内容を踏まえて店舗改善に結びつけていきます。内容として、たとえば「辛くして欲しい」、「甘さを調節できるようにして欲しい」といった改善提案が出てきます。それに真摯に応えることが、やがて口コミにつながります。また、アンケートから商品コピーのヒントが拾えたりします。

▼実施のポイントは

運営上のポイントは、以下のとおりです。

①必ず従業員がおすすめする、②結果を店頭に掲示し、リアルタイムで「うまい・まずい」の数を告知する、③アンケート実施期間はオーダーが看板メニューに集中するため、早く・きれいに提供させる、④アンケートの内容はイエス・ノーで答えられる質問三つまでとし、後はどうおいしいかを書いてもらう欄をつくる、⑤アンケート回収時には「ありがとうございました」だけで終わらせるのではなく、どうおいしいかったかを教えてもらう、⑥改善要望がある程度集まったら、その可否と、改善する場合にはいつまでにするのかをまとめ、入口の脇に掲示する

アンケートそのものを掲示することで注文率が高まる

店頭など目のつくところにアンケート結果を貼るだけで注文率が高くなります。また、アンケート内容からお客様に教えてもらえることがたくさんあります。

盛り付けの工夫でパワーアップさせよう

▼盛り付けのポイントは三つ

私は、店とお客様の関係を良くして売上に結びつけることが仕事と考えているため、直接味の改善提案をすることはありませんが、盛り付けの変更は行ないます。より売れる看板メニューにするための、盛り付けのポイントは三つあります。

一つめは、できるだけ自然で昔の調理法を、お客様の目の前で表現することです。火、水、氷、竹、木などを盛り付けに利用します。たとえば、刺身の下に氷を敷く、固形燃料ではなく炭を使うなどです。ご飯もかまどまでつくる必要はありませんが、ピーク時は葉釜で炊いてお櫃に入れて提供します。この方法でランチ客数を120%にアップさせた居酒屋の事例があります。

二つめは、できたて感の演出です。鉄板上でジューと音を立てるステーキがその代表ですが、ホイルでハンバーグを包み、開くと湯気が出るようにしたり、お客様から見えるところに雪平鍋を置き、あつあつの味噌汁を提供するなどが考えられます。熱いものはより熱く、冷たいものはより冷たくして出すことも演出の一つです。

三つめは、ボリューム感の演出です。飲食店では、全体のボリュームが集客に大きく影響します。ただ、たとえばラーメン店でボリューム感の演出をしようとするとスープの量が原価を圧迫します。スープをなみなみと注ぎたいところですが、それが難しいのです。この場合は、一回り小さい器にすることで問題解決しています。

▼満腹感をおぼえる分量設定は

実際のボリュームについては、汁物抜きで女性は400グラム、男性は500グラムあれば満腹感を得ることができます。これは、ある牛丼店の並盛が360グラム、特盛で550グラムであることを基にしています。グレイジング（大皿での取り分け）の店舗では、焼肉店のセットメニューの場合、肉を1人計200～250グラムで組んでいきます。居酒屋では、1品を120～140グラムとし、1人3品を目安に考えていきます。

この、①昔調理、②できたて演出、③ボリューム演出の三つで、商品力をパワーアップさせていくのです。

おいしく見せる演出で出数のアップを

氷を入れることでグッと鮮度感がアップします。これはある居酒屋の1500円の集客看板メニューです。

固形燃料では、おいしさ感がなくなります。私のお付き合い先には鍋も炭火で出している店もあります。

「極み集客看板メニュー」に挑戦しよう

▼圧倒的な品質で単価アップを

人間は、モノの長さや重さが1・3倍になると明確な違いを認識するといわれています。そして、1・3×1・3＝1・7倍の価格となると、明確な価値の差がない限り、購入されることはありません。そこで、お客様の意見をうかがい、集客看板メニュー1品から、まず差別化された1・3倍の同一単品ラインの「極み集客看板メニュー」をつくっていきましょう。

料理の要素は素材×調理ですが、まず素材で差別化していくのが確実です。調理の腕による差別化は、集客看板メニュー、極み集客看板メニューができた後、儲け看板メニューのアイテムを増やすときに挑戦しましょう。

私が関わった極み集客看板メニューには、牛肉と韓国食材が入り、より濃厚で本格的な味になった「通の韓国風鉄板鍋1880円」、ワインで煮た栗を入れた「栗あんぱん230円」、うに、中トロ等の高級海鮮が入った「極撰刺身7点盛り2480円」などがあります。

この極み集客看板メニューと儲け看板メニューの違いは、粗利率の違いです。より粗利率が高いのが、儲け看板メニューです。もちろん、粗利率が平均より高く、総粗利額で一番になれば、極み集客看板メニュー＝儲け看板メニューになります。

▼味のバリエーションで売上倍増を目指す

上のグレードをつくれば、集客看板メニューの格が下がるのではないかという質問を受けますが、集客看板メニューをメニュー表で一番大きく扱えば問題はないし、店の格は上がります。

1・3倍の価格差がある場合、私の事例では、導入当初は集客看板メニュー65％、極み集客看板メニュー35％の出数で推移し、メニューの完成度によりますが、極み集客看板メニューが30％を維持するようになっています。忘れてはならないのは、メイン素材には高品質のものを使うことです。それにより単価を上げることは、お客様にとっても受け入れやすいのです。

こうすれば、味のバリエーションを持たせた集客看板メニューラインで、売上200％も可能となります。

ワンランク上のメニューで客単価アップを

グレード×品揃え（看板メニューの味違い）で看板メニューラインを増やしていこう!!

集客看板メニューラインを増やしてどんどん売ろう

▼同価格の兄弟メニューを増やす

次に、集客看板メニューの品揃えを強化していきます。価格差はほとんどなく（1・3倍以内）、味の異なる集客看板メニューの兄弟（単品ライン）をつくっていきます。100円均一ショップ同様、価格差がないことで選ぶ楽しみが強調されます。

ただし、必ず1品の構成比が7％を超えてから兄弟メニューをつくってください。超えないうちにつくってしまうと、魅力のない商品の集まりになってしまいます。

具体的には、3〜7種類を競合の状況に合わせてつくっていき、先の「極み」も加えて集客看板メニューラインを形成します。

▼主力カテゴリーは30品を目標に

人間は7を超えた数は一目で把握できず、「たくさんある」と認知するといわれます。このため、7品が目標になります。また、2品しかない場合には1品を選択したら残りが1品しかなく、品揃えが少ないという印象を与えてしまうため、まずは3品を揃えてください。

また、集客看板メニューラインを含む主力部門は、フードメニュー全体数の26％以上あることを基本にしますが、30種類を目標にします。30種類に明確な根拠はありませんが、イタリア料理店、焼肉店、居酒屋、クレープ店など多くの繁盛店では、30種類前後の品揃えをしているという経験則があります。

たとえば、焼鳥店でつくねを集客看板メニューにする場合は、つくねラインで3〜7種類をつくります。つくね、月見つくね、カレーつくね、キムチつくねなどです。

そして、そのつくねラインを含めた焼き物で30種類揃えるのです。焼肉店だとカルビ、ヤングカルビ、中トロカルビ、ネギ塩カルビ、骨付きカルビ……と7種揃えた上で、赤身の肉で合計30種類をつくります。

ただし、これはあくまで競合の品揃え状況によります。競合店に1種類しかなければ、3種類でかまいませんし、先の焼鳥店でも鶏で揃える必要はなく、野菜焼きも含めて30種類、焼肉店の場合はホルモン・野菜を含めて30種類でもかまいません。

見た目で引きつける品揃えパワー

▲1単品群で7種類以上あるとパッと見るだけでも迫力が出ます。

▲1単品群で30種類以上あるとパッと見るだけでも迫力が出ます。

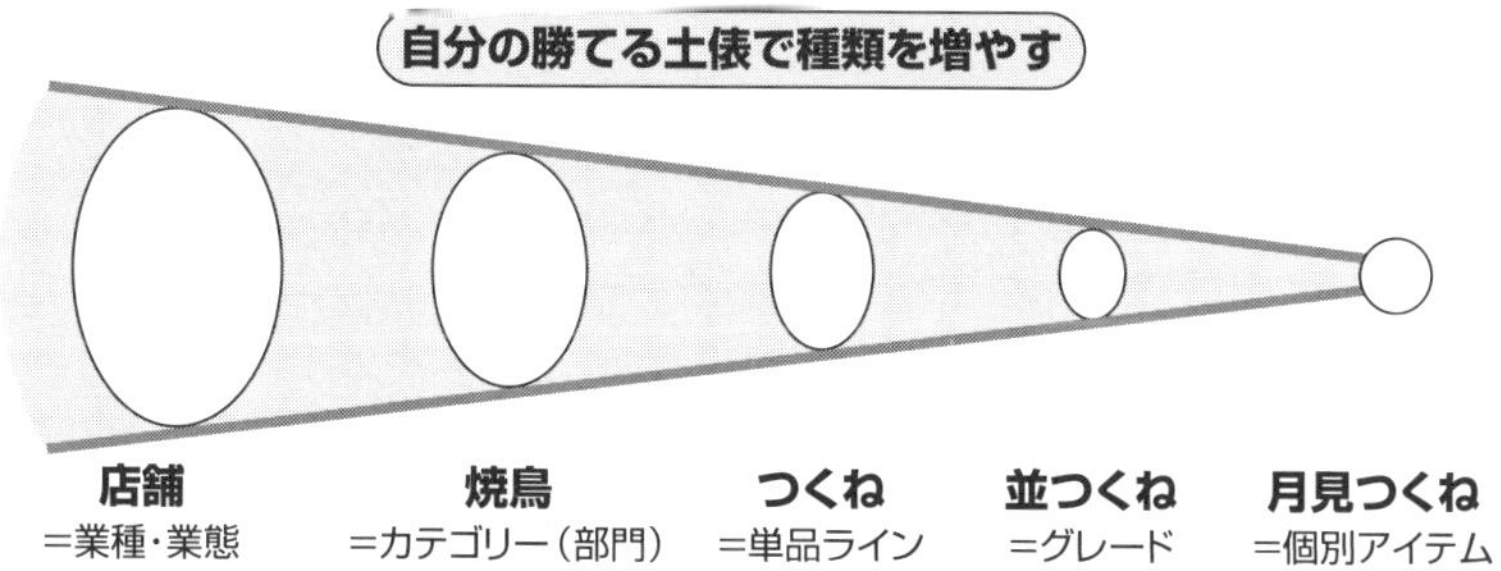

マーケットと自分の力で勝てる土俵を考え、カテゴリーで強化するのか、よりフォーカスした単品（群）でまず地域を押さえるのかによってアイテム数が変わります。上記のパン店は、単品群レベル（一般にお互いに代替可能な商品群）で30アイテムのあんぱんを揃えて勝負し、一番化しているのです。

集客看板メニューのPOPで店内を華やかに

▼カテゴリー別にわかりやすく掲示すること

ＰＯＰとは、おすすめ商品を店内で告知するためのポスターのことです。どの席からも看板メニュー絡みのＰＯＰが、最低3枚は見えるようにする必要があります。最近は、店の雰囲気を壊すからＰＯＰを貼りたくないという店と、逆にグランドメニュー表が簡単につくり替えられないため、ＰＯＰをメニュー表代わりに増やしている店が増えている傾向にあります。

前者の場合は、接客でのおすすめを徹底させて取り組めば問題はありません。ただ、グランドメニュー表だけは、わかりやすくしたほうがいいでしょう。

後者の場合は、カテゴリー別に掲示し、わかりやすくお客様に告知していきます。これは、グランドメニューづくりにも共通することです。カテゴリー別にするとは、素材・調理法・お客様の目的などでグルーピングして見出しをつけていくことです。

飲食店のカテゴリーとしては、「お手軽メニュー」、「夏バテ防止メニュー」、「日本酒に良く合うメニュー」、「チーズ・豆腐料理」などがあります。

▼同じメニューでも毎月内容を変えよう

ＰＯＰのつくり方ですが、フォーマットを決めてパソコンでつくり、そこにラミネート加工をするのが簡単です。各テーブルの横の壁に貼ったＰＯＰはラミネートで光るため、とても明るく華やかになります。

そしてＰＯＰの内容は、1ヶ月に1回は変えていきます。同じ集客看板メニューをどうやって毎月変えていけばいいんだという方がいますが、毎月、微妙な違いを告知するのです。餃子であれば、春は「キャベツが一番甘くおいしい」、秋は「豚の脂ののりがいい」とアピールする点を変えるのです。素材で違いが出せなければ、来店動機に合わせて、夏場なら「夏バテ防止」、冬なら「あつあつを食べて体の芯から温まろう」と、いくらでも工夫の余地があります。

このような方法で、「いつも新鮮な店」という印象がつくれます。これを成功させるためには、商品にもお客様にも洞察力を持って接することが必要です。

華やかで動きのあるPOPの例

淡路島 洲本温泉 海月舘
ほっと するひと時…
昔ながらの直下式焙煎方式
懐かしい香とほどよい苦味のきいた
あの頃飲んでいた味のコーヒーです。
多くのお店では、安く大量にできる
熱風焙煎豆を採用しています。
しかしそれでは、香が消え酸味が
強いコーヒになります。
是非、ほどよい苦味が生きる
直下式焙煎コーヒー
をお試しください
ブレンドコーヒー
1杯500円
豆は、創業65年中村珈琲店のオリジナルブレンド。インドネシア・ブラジル・コロンビア
ガァテマラ・エチオピア産の豆を1名の専任ブレンダーが責任をもってブレンドしております。

店頭のぼり・A型看板・シンボルで徹底的にPR

▼通行人に興味を持たせる

2章5項で、客数アップのために心理的に入りやすい店頭にする方法を述べましたが、さらに店頭で「気になるから一度入ってみよう」とお客様予備軍である通行人が思うような工夫をしていきましょう。

①看板メニューとその味が店頭からわかるようになっているか、②看板メニューを連想させるシンボルがあるか、ということをポイントに店頭を変えていきます。

具体的には、のぼりを立てて看板メニューを訴求します。のぼりは、暖色系のべた塗りの白抜き文字がローコストでおすすめです。コストは1・2倍ほどになりますが、予算があれば金巾（かねきん）という綿生地のものにすると質感が高まり、他店ののぼりとも差別化できます。他店は、高級感のないテトロンポンジという素材が主流です。そして1本ではなくできるだけ多く立てて、「賑わい感」も一緒に出していきます。

次に、店にシンボルとなるものを何かつくります。

シンボルがあればメリハリのある店舗になるし、お客様から「あの、でっかい○○のある店に行こう」と、覚えてもらいやすくなります。たとえば、大きなアクリルのオブジェや看板、大きな樹木などです。大きな縦長の板に筆文字で「はりきって○○（看板メニュー）を焼いて営業中！」と書いて、店頭に立てかける方法が手軽にできておすすめです。

▼A型看板で具体的に内容を伝える

そして、この二つだけだと、まだ何屋で、どれぐらいの価格の店か伝わらないため、メニュースタンドかA型看板を設置し、メニュー表と店内の様子を撮影した写真を掲示します。

A型看板とは2枚の看板を立てかけたもので、横から見るとA型に見えるものです。私は縦2：横1の比率でデザインしてもらっています。大きいものでは180×90センチで4分の3がメニュー、4分の1に店内の様子を入れたものを基本としています。

なお、店内写真は満席のものを入れるようにします。繁盛店であることを暗に伝えることができるからです。

店頭での三大看板メニュー訴求アイテム

▲路面店にはまずのぼりが必要です。この店はのぼりと上の看板が同じ役目をしています。間口を広く見せるテントも、存在を知らせ、入りやすくする上で大切です。

▲縦180cm×横90cm程度の大きなものをつくります。

▲印象に残すためには、シンボルが必要です。ライトでも植木でもかまいませんが、シンボルのインパクトにはかないません。

のぼり・A型看板・店頭のシンボルが、店頭三大看板メニュー訴求アイテムです。

Section 07

看板メニューで月1回のミーティングを

▼常に改善を続けるために

毎月1回、看板メニューの売上アップをテーマにして会議を開きましょう。少しでも今までと違うことをすると決めて結果を確認することが、この会議の意義です。

運営のポイントは、①月1回やると決めたら必ず行なうこと、②主力メンバーは必ず参加させること、③全員に発言をさせて有言実行させること、の三つです。

看板メニューについて、毎月店舗としてやることを決めていきます。それに対して、自分は何ができるかを発言させ、実行してもらいます。

▼全員に有言実行を求める

たとえば、看板メニューのスピード提供が目標であれば、調理スタッフからはいろいろな提供スピードを上げる提案が出てきます。ホールスタッフも、それは自分たちには関係ないと考えさせるのではなく、できることを考えて実施してもらいます。「デシャップ（厨房内で調理された料理が上がってくる場所）で膳を組んでおいておく」「ハンディーで飛ばす前に口頭で伝える」など、いくらでも改善策はあります。

自分に関わる問題として物事を受け取るセンスのない人は、社会では重要な位置につくことはできません。それは「役割行動」しかしないからです。「役割行動」をしながら「独自行動」をする人が、重要な役職につくことができ、それだけ多くの報酬がもらえます。

会議をするとよくわかるのですが、「それは、考えてもみませんでした。今度○○で同様に試してみます」という人は伸びていきますが、「それは、○○さんだからできたと思います。私には関係ありません」としか解釈できない人はあまり伸びないものです。

また、自分の正当性を主張するために、前提をとうとうと話す人がいます。そういう人には、どう行動するのかという結論から先に話してもらうようにします。

さらに、「いっぱいおすすめしたいです」というように、漠然としたことをいう人に対しては、会議メンバー全員が理解できるように、数字を使っていい直させるようにしましょう。

改善案は、全員が自分の問題として考えよう

看板メニューに集中するお客様用伝票をつくろう

▼ピークタイムに力を発揮する

居酒屋・焼肉店など、グレイジング（取り分け）する店でぜひ使っていただきたいものがあります。それは、お客様用伝票です。

具体的には短冊状のカードに、看板メニューを含む売れ筋商品を印刷した紙を、消しゴムつきの鉛筆と一緒にテーブルの上に置きます。お客様には、注文数だけ書いてもらうようにするだけです。

ポイントは、①よく出るメニューを10品程度印刷しておくこと、②空欄を6個ほど設けておき、その他の商品も注文できるようにすること、③折れ曲がったり汚れた紙を置いておかないこと、④テーブル番号を記入しておくこと、⑤看板メニューのおすすめを一言入れておくこと、⑥いくつか高粗利商品も入れておくこと、です。

これは特に、ピークタイムに力を発揮します。繁盛店になればなるほど、ピークタイムに新規のお客様が来て、その対応に追われてしまいます。既存客にお客様用伝票に書いてもらうことで、その分、新規客に時間を割けるし、既存客も楽に注文ができるようになります。

▼新規客を獲得する努力を

新規のお客様の口コミ効果は、既存のお客様のそれの3倍といわれます。既存のお客様にとって、店の存在は当たり前になっていますが、新規のお客様は「こんないい店があったのか」と興奮してくれているため、口コミが発生しやすいのです。

新規のお客様をないがしろにする店は、いずれ売上が下がっていきます。お客様も年をとったり、生活パターンが変化するため、常に新しいお客様を獲得する努力が必要です。

また、お土産として看板メニューを持ち帰ってもらうために、同様の伝票をつくると注文数が増えます。この場合、「お帰りの20分前にご注文されるのが便利です」などと、提供時間の目安を大きく書いておくのがポイントです。これを大きく書くことで店の自信が伝わり、「よく注文されているんだ。それなら私も」と、お客様に勝手に思っていただけるというわけです。

お客様用伝票で省力化も図れる

◆メニューご注文書◆

メニューはごゆっくりお選びください
よろしければ、このご注文書をご利用ください

お肉は正真正銘　全てとろける和牛A5ランク!!

とろけるのに後味さっぱり！ ダントツ一番 ネギネギ塩カルビ	
うまさの定番 カルビ	皿
和牛の脂多い通の逸品 中トロカルビ	皿
霜降り 三角バラ	皿
生レバー（スタミナNo.1!!）	皿
和牛A5のユッケ	皿
韓国サラダ	皿
ロース	皿
クラシタロース	皿
立ってる!? サーロイン	皿

とりあえず!! 塩タン	皿
濃厚な味が好きな方どうぞ うま!! ハラミ	皿
あっさりと　ヘレ	皿
みすじ（サシ入った肩肉）	皿
地鶏	皿
ホルモンセット（300g）	皿
ピンホル	皿
ピンシマ	皿
野菜盛り合わせ	皿
自家製キムチ（白菜）	皿
オイキムチ（きゅうり）	皿
ごはんセット（中）	皿

※中には1頭から3～5人前しか取れないお肉もあります。品切れの際はご了承ください

店長の藤川です。
焼肉は ①生もの→②赤身（塩）→③赤身（タレ）→ホルモンの順で食べていただくとおいしく食べられます

楽になった分、中間サービスに力を入れましょう。

Section 09

お客様アンケートを有効に活用しよう

▼店の改善に役立てる

アンケートの運営上のポイントは、①質問は5項目までにすること、②初めに「はい・いいえ」で答えられる質問を五つして、最後に自由記入欄をつけること、③店舗で回収せず、社長室行きはがきで送ってもらいプレゼントをつけること、です。もし、回収率が総来店客数に対して0・3%以下であれば、改善の余地があります。

アンケートの質問項目は、①看板メニューについて、②料理の提供スピードについて、③総合評価でまた来たいかどうか、の三つが大切で、それ以外の質問を設ける場合は、自分たちが気になっていることを入れます。

アンケートの目的は、お客様の声を聞いて、少しずつ良い店にしていくことです。料理の提供スピードが気になるのなら、料理の部門別にそれぞれ聞いてもいいのです。そして、総合評価以外では「はい・どちらでもない・いいえ」の三つで答えてもらいます。総合評価については、「ぜひまた来たい・機会があれば来たい・また来てもよい・二度と来たくない」の4項目にします。

▼はがきには全員が目を通すこと

店によっては、この結果を点数化しているところがありますが、点数化して集計するよりも、1枚1枚のはがきに全員が目を通すことが大切です。個別評価の中にしか、答えはないからです。

評価の低いアンケート回答については、会議で店長にそのお客様に心当たりがあるかどうかを確認し、原因を追求して、内容によっては電話か訪問での謝罪を店長が行なった上で、即、改善行動を起こします。

また、「お薬を飲むのでお水をくださいといったら白湯を出してくれた」といった、サービスに対する感謝の気持ちを記してくださることがありますが、それをためて従業員に渡せばモチベーションが高まるでしょう。

アンケートを壁面にそのまま貼っている店もありますが、ただ貼るのではなくお客様からの改善要望をまとめ、どう改善したかを1枚にまとめてトイレ近くの壁などに貼ったほうがいいでしょう。これにより、お客様の意見を反映させている店であることが伝えられます。

アンケートの質問事項は5項目までに

本日の通信簿

いつも当店をご利用いただきありがとうございます。
当店は、「新鮮な食材を使いおいしい焼肉を食べていただきたい」という気持ちを持って営業しています。これからも、皆様により満足いただけますよう店舗の改善に努めていきますので、お気づきの点をご記入の上、切手を貼らずにご投函ください。よろしくお願いいたします。

ご来店は　平成　　年　　日　　時頃　　人で

●○○○○は新鮮な肉を提供できるよう努めています。
お肉は新鮮でしたか
□はい　□いいえ　□どちらともいえない

●当店看板メニューである、極撰ハラミはズバリおいしかったですか?
□はい　□いいえ　□どちらともいえない　□食べていない

●料理の提供スピードは?
□満足　□不満　□どちらともいえない
遅い商品がありましたらお書きください（　　　　）

●明るく元気良くあいさつを心がけていますが、従業員の態度は良かったですか?
□はい　□いいえ　□どちらともいえない

●また、○○○○に行きたいですか
□はい　□機会があれば　□どちらともいえない　□行きたくない

〈ご意見を従業員教育や励みにしております。できましたら従業員に一言お願いします〉

※抽選で毎月20名様に1,000円割引券をお送りしますので、表面にご住所・お名前をご記入くださいませ。

まんべんなく店の要素を聞くより、具体的に聞きたいことを聞くアンケートにしたほうが回収率が高くなります。また具体的内容であるため、問題があれば即改善していきます。アンケートを行なうなら、改善は最優先で実行すると決めた上で導入してください。

真剣に取り組み、楽しく伝えよう

▼楽しく紹介する遊び心も必要

看板メニューを派手にPRするなど、他店でやらないような新しいことをするときには、一部のお客様からクレームがつくこともあります。

しかし、現状維持ではどの店も似たような個性のない店になってしまいます。大手チェーン店以外は、優等生的な店づくりで繁盛できる時代ではありません。多少の「遊び」は必要だと思います。

たとえば、レジ下のスペース、スタンドPOP、従業員の名札、トイレ、箸袋、床、マッチ、レジペーパーと、工夫さえすれば店内でPRできるところはたくさんあります。PRの仕方にもよりますが、それを楽しいと思わずうっとうしいと感じるお客様もいるでしょう。しかし、そんなお客様のことだけを考えていても、店は発展しません。そのお客様はいったんあきらめて、面白い店であるということをアピールして商圏を広げ、客数を増やしていくことを考えてみましょう。

歴史と文化の都市である京都に、一見似つかわしくないアウトレット家具の繁盛店があります。社長自らが着ぐるみを着た「のぶちゃんマン」が人気の店ですが、保守的といわれる京都のお客様にも好評です。

なぜならその店は、質のいいメーカー品のアウトレット家具をどこよりも安く提供することに真剣だからです。そこがいい加減だとクレームが出やすくなり、派手なPRは逆効果になるでしょう。

▼繁盛店になれば批判されなくなるもの

30店舗を持つある飲食店では、お客様参加による覆面アンケートのシステムを導入しています。売上が低い店ほど、席が狭い、トイレも狭い、空気が悪いなどといわれ放題ですが、店長が代わって売上が上がってくると、面白いことにそのような回答はゼロになります。

単店のオーナーでそのようなことを書かれれば、それが不振店の根本原因と考え、改装を考えたりするものです。しかし、その前に商品やサービスに真剣に取り組んでいるかを見直してみるべきでしょう。

改装を考えるのは、それからでも遅くありません。

現場の真剣味とこだわりを伝える

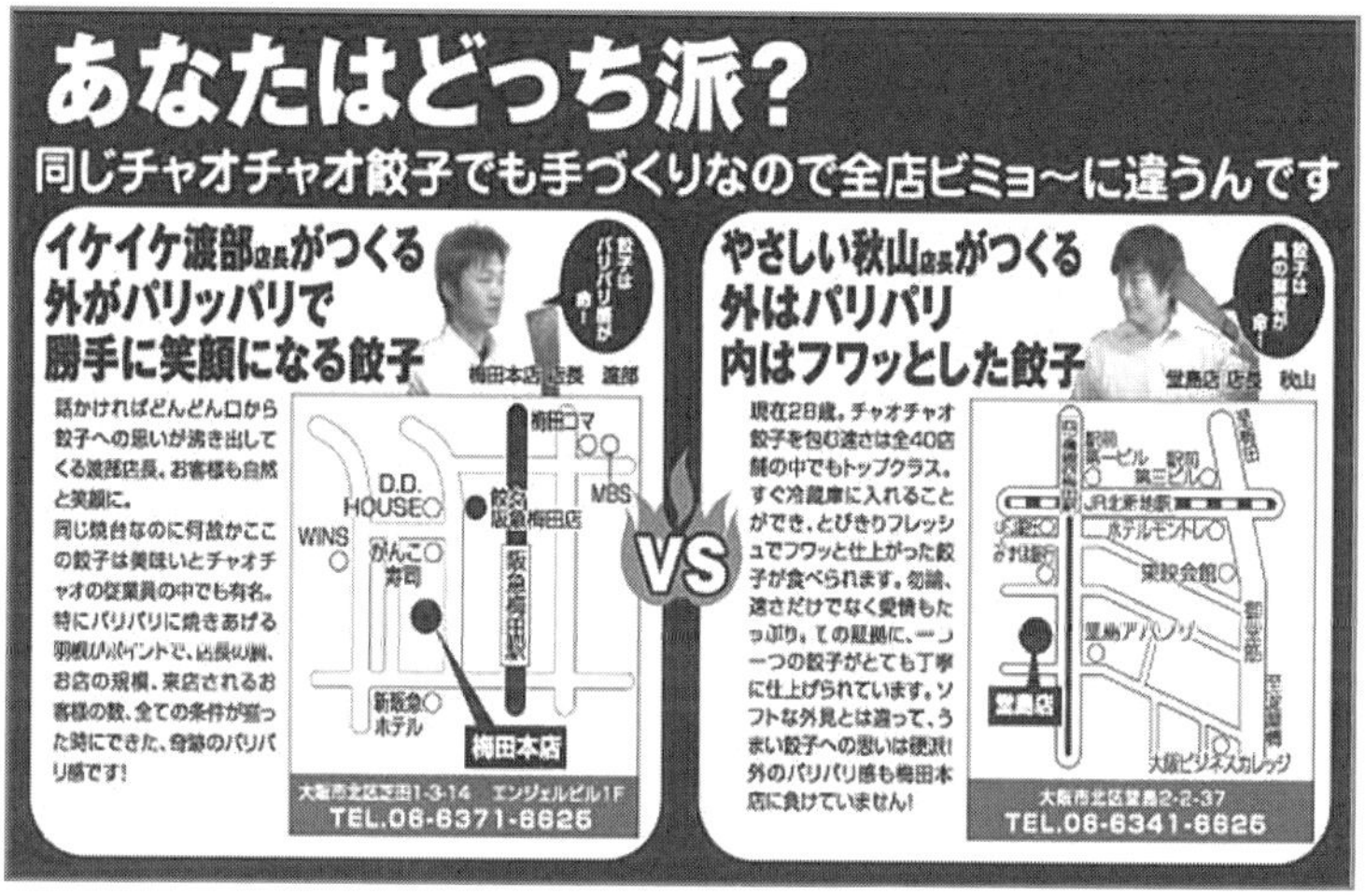
あなたはどっち派？
同じチャオチャオ餃子でも手づくりなので全店ビミョ～に違うんです
イケイケ渡部店長がつくる
外がパリッパリで
勝手に笑顔になる餃子
梅田本店 店長 渡部
話かければどんどん口から餃子への思いが湧き出してくる渡部店長。お客様も自然と笑顔に。
同じ焼台なのに何故かここの餃子は美味いとチャオチャオの従業員の中でも有名。
特にパリパリに焼きあげる
お店の規模、来店されるお客様の数、全ての条件が揃った時にできた、奇跡のパリパリ感です！
梅田本店
TEL.06-6371-6626
VS
やさしい秋山店長がつくる
外はパリパリ
内はフワッとした餃子
堂島店 店長 秋山
現在28歳。チャオチャオ餃子を包む速さは全40店舗の中でもトップクラス。すぐ冷蔵庫に入れることができ、とびきりフレッシュでフワッと仕上がった餃子が食べられます。
一つの餃子がとても丁寧に仕上げられています。ソフトな外見とは違って、
外のパリパリ感も梅田本店に負けていません！
大阪市北区堂島2-2-37
TEL.06-6341-6626

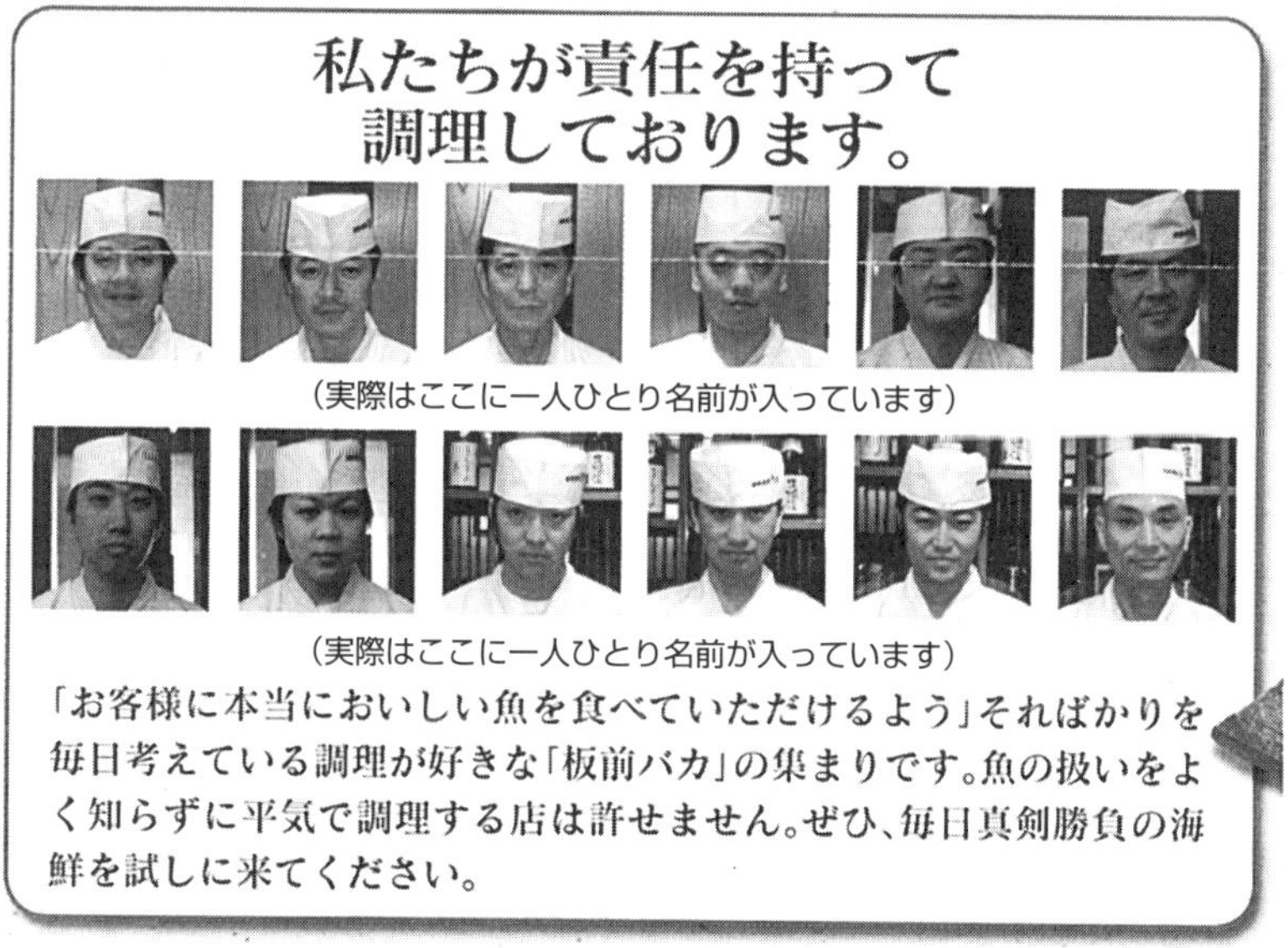
私たちが責任を持って
調理しております。

(実際はここに一人ひとり名前が入っています)

(実際はここに一人ひとり名前が入っています)

「お客様に本当においしい魚を食べていただけるよう」そればかりを毎日考えている調理が好きな「板前バカ」の集まりです。魚の扱いをよく知らずに平気で調理する店は許せません。ぜひ、毎日真剣勝負の海鮮を試しに来てください。


人は、他店と差別化できる最大の無形固定資産。あなたの店は活用していますか？

5章

お客様と従業員を受容しよう

お客様と友達になって来店してもらおう

▼悪条件でも繁盛できる方法がある

料理が平凡で、立地も悪い店があります。それでも、唯一繁盛する方法があります。それは、お客様と友達になって来店してもらうことです。

30席くらいまでの店なら、マンパワーで繁盛させることは十分可能です。しかし、人当たりがよく誰とでも自然に友達になってしまうような人は、それほどいません。しかし、商品を絡ませてそれを話題にすれば、新規の方とでも少なくとも知り合いにはなれます。無理に世間話をする必要はありません。味に自信のない店でも、1品おいしい看板メニューがあれば大丈夫。ここを疎かにしなければ、お客様から信用されます。

たとえば、「辛い麻婆豆腐は苦手ですか？　次からはいっていただければ辛さを弱くして、旨みたっぷりでつくりますよ」、「ピザは5名様なので5等分にしておきますね」といった会話です。お客様は飲食しにきているのですから、その質を上げようという話なら聞いてくれるものです。また、常連のお客様の飲食のスピードや量がいつもと違ったら体調を気づかうのも当然のことです。

▼細かな注文にも快く応じること

私のコンサルティング先は、業態に関わらず、よく焼く、こってり、マヨネーズ多めなど、細かい注文に応じるようにしています。こうすれば、お客様はそれに慣れてしまい、他の店に行くのがおっくうになるのです。あのシアトルコーヒー店も「あなたのお気に入りの1杯を教えてください」という販促をしています。

また、料理に関する知識を日常生活に活かせるように話してあげるのもいいでしょう。たとえば、「新鮮な魚を選ぶ方法は、みなさん目といいますが、目よりもエラの色が赤いほうが確実に新鮮です。ここを見て買ってくださいね」とアイスベットの魚を見せ、自店の魚の鮮度が高いことをアピールする板前さんもいます。

ときどき、いきなり「どこから来られたのですか？」と聞く店員の方がいますが、これはぶしつけな印象を与えます。まずは商品を通して仲良くなり、誠実で安心できる店と感じていただくことが先になります。

商品を通じてお客様と仲良くなろう

Section 02

店長がいい店は明るく雰囲気のいい店になる

▼明るい店と暗い店の分かれ目は

3店舗以上の店を経営している方でしたら、なぜかわからないが「○○店長の店は雰囲気が明るく気持ちがいい」と感じることがあるはずです。そしてそういう店は、売上も安定していて安心です。私もコンサルティングで店にうかがうと、同様に感じます。

これは、店長が千客万来のオープンシステムの方か、クローズドシステムの方かによります。単に、性格が外向的・内向的というのとは少し違います。

スタッフにオープンな店長は、共感的認識ができ、物事を必要以上に先読みせず、相手のことと状況を考えながら対策を立てます。このため、店長が何を考えているかがスタッフにわかるため、自然に明るい雰囲気になります。一方、クローズドの店長は、相手との関係の前に自分の中だけで先読みして行動します。このため、店長が何を考えているかわからず、スタッフもバラバラになります。そして、情報の分断による連絡ミスが起こりやすく、雰囲気も暗くなってしまいます。

▼店長は明るければいいというものではない

このように、店長はオープンシステムである必要があるのですが、その質も問われます。受容力と率先垂範力も必要です。簡単にいうと、「何かあったら俺が責任を取るから」といえるかどうかです。ですから、お客様から従業員に対するクレームがあっても、自分には責任がないといって出ていかない店長やピークタイムに洗い場に行く店長は、お客様の信頼と同時に従業員の信頼も失ってしまいます。店長は、最前線で指揮をしなければなりません。また、口先だけの店長は、オープンなタイプでも明るい店はつくれません。①率先垂範力、②共感的認識→私メッセージによる受容力、③最後は俺が責任を取るという責任力。この三つのうち、どれかが極端に欠けた店長は、店を好循環させることはできず、売上も伸ばすことができません。

この三つの力を同時に鍛えられるのが、看板メニューによる売上アップです。看板メニューに取り組む際、この三つの力を発揮しなければ成功しないからです。

売上は店長のタイプに左右される

「受容＝同意」ではないことを理解しよう

▼相手を受容することは「負け」ではない

接客研修の場で、クレーム客に対しては「まず、お客様を受容していきましょう」といったところ、「受容はできません」と受講者からいわれたことがあります。

話を聞いてみると、「受容＝同意」と考えていることがわかりました。「受容＝同意」と考えている間は、真の受容はできないし、接客も楽しくありません。

受容とは、「私は考えが違うけれども、あなたがいっていることは理解できます。私の考えも理解してください。そして一致点を見つけましょう」と関係が発展していくものです。どちらが勝った負けたではありません。

たとえば、異物混入で賠償金をその場で払えといわれた場合、謝った上で最後は「お客様のお気持ちは十分に理解できます。ですが私ができるのは、新しくつくり直すか料金をいただかないかです。それ以外にはお応えすることはできません。まことに申し訳ありません」と対応すべきなのに、「お客様の気持ちがわかること＝賠償金を払わなければならない」と考えてしまうわけです。

そう考えてしまうと、お客様と深く関わることができず、看板メニューの客ニーズもつかめなくなります。

▼プライドを持って主張しよう

私も飲食店の店長時代には、理不尽であっても何でも「はい」といって対応してきました。受容を同意と考えていました。すると、自分の気持ちをごまかしているため、その反動が出てきて卑屈になったり、お客様をお客様と思わなくなってくるのです。私は、飲食店の問題の一つに、プライドが持てない人が多いことがあると考えています。参入しやすい一方で製造から販売まであり、クレームが起きやすい仕組みだからでしょう。

どこにも負けない看板メニューがあり、接客でお客様を受容できれば、プライドを持ってイキイキと営業ができます。相手を受容しながら、自分の考えを主張できなければ、本当の意味で看板メニューをつくることはできません。プライドを持って主張し、なおかつ柔軟にお客様の意見を聞いて改善していく。そんな創造的で発展的な行為が、看板メニューづくりには要求されるのです。

「受容」の本当の意味を理解しよう

新規客を一番大切にしよう

▼うどん店オーナーの気配り

繁盛店の多くは、新規客にとても親切です。

私が飲食店の売上アップで迷ったとき、必ず行くうどん店があります。まず、ウエイティング時に看板メニューの「生じょうゆうどん」を注文します。すると、従業員が「ちくわ天とたまご天を一緒に食べるとおいしいですよ」と声をかけてきます。

また、カウンターだけの店にもかかわらず、3～4人で行っても、いやな顔一つせず、並んで座れるよう席の調整をしてくれます。15分ほど待って席に着くと、すぐに「生じょうゆうどん」が運ばれてきます。つまり、席についてから待たせないのです。

さらにオーナーが、「食べたことありますか?」と聞いてきます。ないと答えると「おっちゃんがうまい食べ方教えたろ。まず、お箸を割って持っときや！　うちのうどんは刺身やから」といって、縦にきれいに並べてあるうどんに、横一列に大根おろし、そして刻みネギを乗せます。そして、その上からかぼすを絞り、醤油をたらしながら「醤油は2周半いれてでき上がりな」といって、どんぶりを渡してくれます。

そして、「かき混ぜたらあかんで。味がにごるから。まず、2本つまんで上げて一気にいってみて。どや、おいしいやろ！　お兄ちゃんは普通盛やったけど、大盛まででやったら値段変わらへんから、次からは大盛頼んだらええよ」といってくれます。もちろん、食べたらすぐに帰ってくれ、といったそぶりも見せません。

▼歓迎の気持ちを表現する

こんな接客で歓迎されていることが伝わり、「また来たい」と思わせてくれます。そして、こんなおいしくて面白い店があるんだと、友人に紹介したいと思います。

レジは主にオーナーが担当していますが、お客様の満足度をそこで確認し、常連のお客様には必ず「毎度ありがとう。またごひいきによろしく……」と声をかけています。このオーナーは、新規のお客様が売上アップのカギを握ることを理解しており、「商品をおいしく食べてもらうには」という表現で歓迎しているのです。

売上アップのカギは「新規客」

具体的に伝えることが真の行動につながる

▼心から理解してもらうには具体的に伝えること

物事を人に伝える場合、具体的に表現されているかどうかによって、その理解度は大きく異なります。抽象的に、まとめて話したほうが相手に伝わると考えている方もいますが、それは、相手にうわべの理解しかさせることができません。

「昨対売上を超えられるよう、スタッフが一丸となって、後がないと考えて営業に当たってください」という会議での発言はもっともらしく聞こえますが、結局、スタッフは何をするのかわからずに翌月を迎えます。

それよりも、「看板メニューを150%にアップさせてくれ」、「ドリンクのお代わりを1ヶ月1人100杯と決めて客単価を50円上げてくれ」と具体的にいったほうが、結果が伴う形で伝わります。

具体的に相手に伝えることができない人の特徴として、「行動できるか」という視点が抜け、初めから完成形を求める点が見られます。しかし、スタッフにはすべてを具体的に伝え、行動レベルでの意見を求めるようにすると、店舗はどんどん良くなっていきます。

なかには、問題点を分析して指摘し、自分の考えが正しいことを証明することが仕事と考えているスタッフがいます。「だから、私がいった通りでしょう」というのがそのいい分です。けれども、そういうスタッフには、「それは単なる状況分析だから、これからあなたがどうそれに関わってくれるのかを話してよ」と自分事として捉えさせ、行動を要求していきます。

▼繁盛店はお客様にも具体的に伝えている

また、具体的に伝えることの大切さは、お客様に対しても同じです。他店との違いを、具体的に伝えられる店が勝ち残ります。

「何でもうまい店」より「うまいエビフライの店」、「うまいエビフライの店」より「プリプリでしっぽまでつい食べちゃうエビフライの店」のほうがおいしさが伝わるし、他店との差別化ができます。さまざまな情報がたやすく得られる時代には、どこよりも具体的に伝えられる人が、繁盛店をつくっていけるのです。

自店の"売り"を具体的に伝えよう

Section 06

スタッフとのコミュニケーションを円滑にしよう

▼自分を貫き、相手を知ること

店長は、まず自分がどうしても譲れないことを明確にし、それを自分にも部下にも貫くことが必要です。そうできれば、部下が大切にしていることを理解し、尊重することができ、コミュニケーションが円滑になります。

たとえば、店長自身が許せないこと、これだけは譲れないことが遅刻なら、それを自分にも部下にも徹底させます。どんな場合であっても、それを貫いていきます。そうすることで、自分自身の視座が定まるのです。

そして部下には、自分が許せないのはどんな人かを聞いていきます。「責任感のない人」という答えであれば、それを肯定的な形に変えて「逆にあなたは、責任感があるねといわれるとうれしいでしょう」と確認しながら、部下の個性や問題意識を見つけます。これにより、ただ分担をこなすだけでなく、個性を生かした主体的な独自行動を店舗でさせることができるようになります。

ある店に、いつも元気で周りを明るくする看板娘がいました。社交的で積極的な性格から自然にそう振る舞っていると思っていたのですが、その女性は責任感を大切にしていて、自分の役割をはたすために、誰とでも明るく話をしていたのです。その気持ちを理解しないで看板娘的な仕事ばかりをさせていけば、その女性に過大な負担をかけてしまうところでした。店舗運営をしていく上では、このような部下の真意を知ることも大事です。

▼相手の問題意識に合わせる

「責任感があること」を大切にするAさんと「一緒にいると面白いこと」に価値を置くB君がいて、店で看板メニューの出数をアップさせるにはどうするかで話し合いをするとします。そのときB君に、「面白いといってもらって数が増える方法はないの?」、Aさんには「この店の看板メニューはしっかりしていてさすがだね、といわれるにはどうしたらいい?」と聞くことで、本質的なコミュニケーションを交わすことができます。

このように、それぞれの個性に合わせて課題を与えれば押しつけにはならないし、むしろ本気で店のことを考えるようになるのです。

部下の真意を理解しよう

Section 07

スタッフが調理長に質問する機会をつくろう

▼調理場とホールの協力関係を

ホールスタッフから見ると、調理場は怖いところです。まして調理長ともなると、話しかけるのも怖いものです。そのため、こんな光景もあります。調理場は閉店作業をしているのに、ホールでは閉め作業が終わって雑談をしています。ところが、ホールスタッフは怖くて「私がゴミを捨てに行きますよ」と調理場にいえません。

こんな状態では、調理場とホールが協力して看板メニューを売るという雰囲気はなかなかできません。

そこで店長は、調理長に看板メニューを中心とした料理について、朝礼等で話してもらう機会をつくりましょう。まずホールスタッフに、お客様から料理で質問されて困ったこと、自分が知りたいことを無記名で紙に書いて出してもらいます。それを店長が読み上げ、調理長に答えてもらうようにするのです。ただこのとき、「今まででこんなことも知らずに仕事をしていたのか！」と怒ることだけは厳禁です。

たとえば、「看板メニューの姿造りの鯛は天然ですか？」という問いには、「稚魚のときに捕まえ、よりおいしくするために新鮮な水が流れ込む海流の通り道で、海老だけを与えて育てた半養殖のものです」というように、いろいろなやりとりが出てきます。

▼従業員とも商品を絡めた話を

それをただ話してもらうだけでなく、話の中で店長が調理長に、苦労したことや工夫したことを尋ねます。そのプロセスが、料理の価値を高めるからです。

たとえば、餃子をパリッと焼くために底を半円形にすることを考えついた、つくねのジューシー感を出すためにせせり（首肉）を入れたなど、どんどん出てきます。

お客様とだけでなく、従業員とも商品を絡めて話をすることにより、調理場とホールとのコミュニケーションが円滑になります。そうすると、ホールがゴミ捨てを自発的に行なったり、調理場がホールの仕事であるスプーン磨きなどをしてくれるようになります。

こうなってくると、看板メニューを売る体制をつくりやすくなるし、人件費も下がってきます。

手書きメニューも現場同士のコミュニケーションツールに

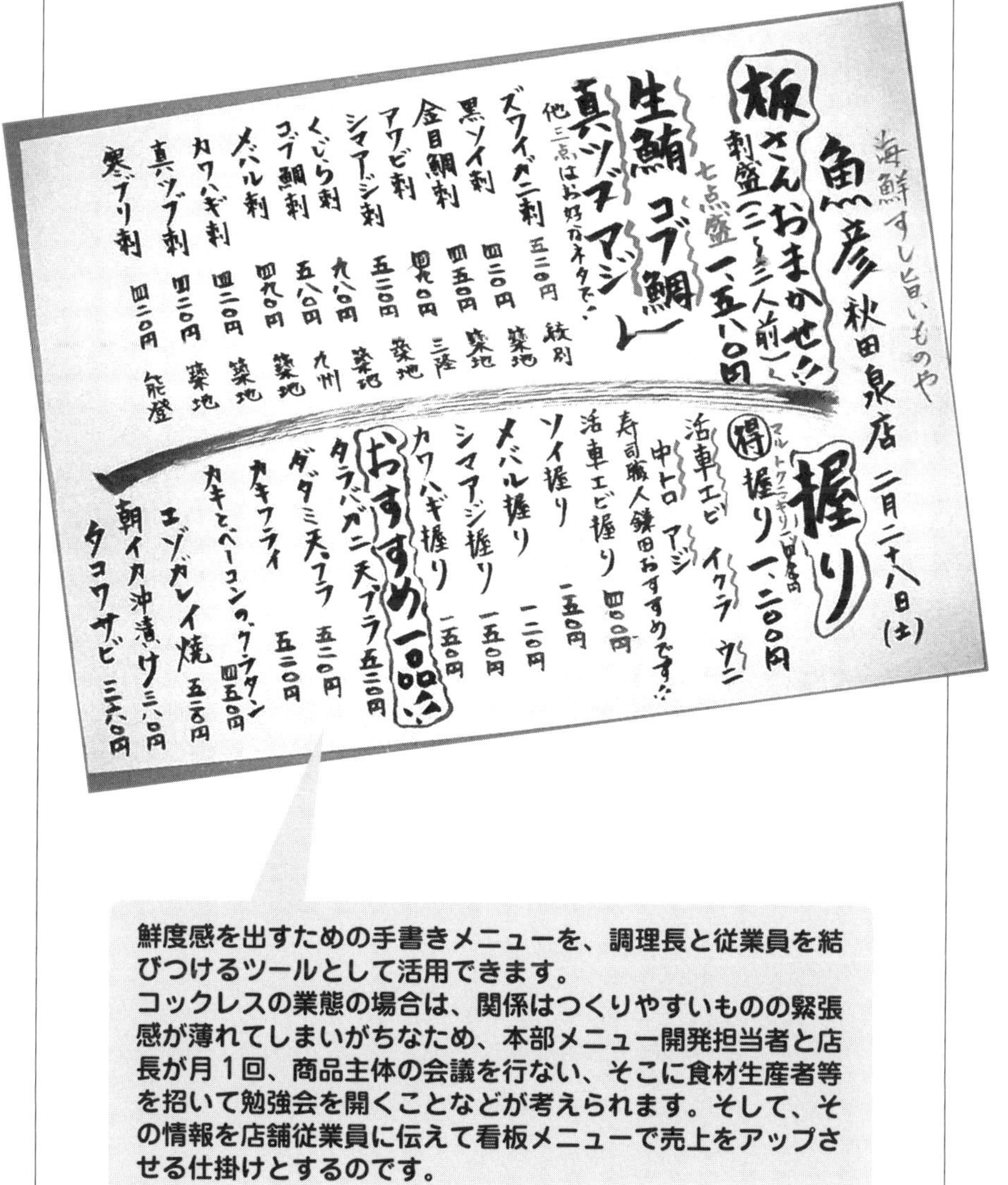
海鮮すし旨いものや
魚彦 秋田泉店 二月二十八日(土)
板さんおまかせ!!
刺盛(二～三人前) 七点盛 一、五八〇円
生鮪 コブ鯛
真ツブアジ
他三点はお好みネタで!
ズワイガニ刺 五二〇円 紋別
黒ソイ刺 四二〇円 築地
金目鯛刺 四五〇円 築地
アワビ刺 四九〇円 三陸
シマアジ刺 五二〇円 築地
くじら刺 九八〇円 築地
コブ鯛刺 五八〇円 九州
メバル刺 四九〇円 築地
カワハギ刺 四二〇円 築地
真ツブ刺 四二〇円 築地
寒ブリ刺 四二〇円 能登
握り
得 握り 一、二〇〇円
活車エビ イクラ ウニ
中トロ アジ
寿司職人鎌田おすすめです!!
活車エビ握り 四〇〇円
ソイ握り 一五〇円
メバル握り 一二〇円
シマアジ握り 一五〇円
カワハギ握り 一五〇円
おすすめ一品!!
タラバガニ天プラ 五二〇円
ダダミ天プラ 五二〇円
カキフライ 五二〇円
カキとベーコンのグラタン 四五〇円
エゾガレイ焼 五二〇円
朝イカ沖漬け 三八〇円
タコワサビ 三八〇円

鮮度感を出すための手書きメニューを、調理長と従業員を結びつけるツールとして活用できます。

コックレスの業態の場合は、関係はつくりやすいものの緊張感が薄れてしまいがちなため、本部メニュー開発担当者と店長が月１回、商品主体の会議を行ない、そこに食材生産者等を招いて勉強会を開くことなどが考えられます。そして、その情報を店舗従業員に伝えて看板メニューで売上をアップさせる仕掛けとするのです。

スタッフのレベルに応じて指示を出そう

▼他人から見た長所を活かす

自分自身が若く、スタッフをどう教育していけばいいのかわからない方もいると思います。そんな場合は、作業の習得以外では、自分自身の長所を活かして看板メニューを売ることを教えてあげればいいのです。

仕事において自分に力がない時期には、「お金を払う人に主導権が100%ある」という基本的なことがわかっていないスタッフが多いものです。

その理解度によって、スタッフは次のようにレベル分けできます。

▼5段階のレベル

①自己満足レベル…自分の主観的な好き嫌いで行動する
②がむしゃらレベル…客観的な自分の価値がわからないため、役に立とうと、とにかく動く
③使えるレベル…②の積み重ねにより、相手から見た自分の長所を活かして主体的に行動できる
④気がきくレベル…期待通りのことをする
⑤頼れるレベル…相手も自分も高める主体的行動ができるパートナー的存在

①における主観は大切ですが、それだけではお金を稼げないため、「自分が相手から見てどうか」ということを教え込む必要があります。このレベルは、おすすめをして客単価を上げようとしているのに、恥ずかしいからという理由でそれをしないようなスタッフです。

②のレベルは、見出した一つの長所をひたすらほめて、自信を持たせたら大きく成長します。

③、④、⑤については、「頼りにしている」といつも心からいうようにすると伸びていきます。

要領がよく頭がいいことで、がむしゃらな②の段階を経験せず、中途半端な③のレベルにある従業員は問題をはらんでいます。いつまでも要領だけでこなしているようだと、弊害が出てきます。

そういうタイプには、他人から見てどうかを考えさせ、行動させる必要があります。「○○君はおすすめに手を抜いているね。改善しないと注文率も上がらないよ」と強制的に行動させる指示も必要になります。

スタッフの能力別に指示の出し方を変えよう

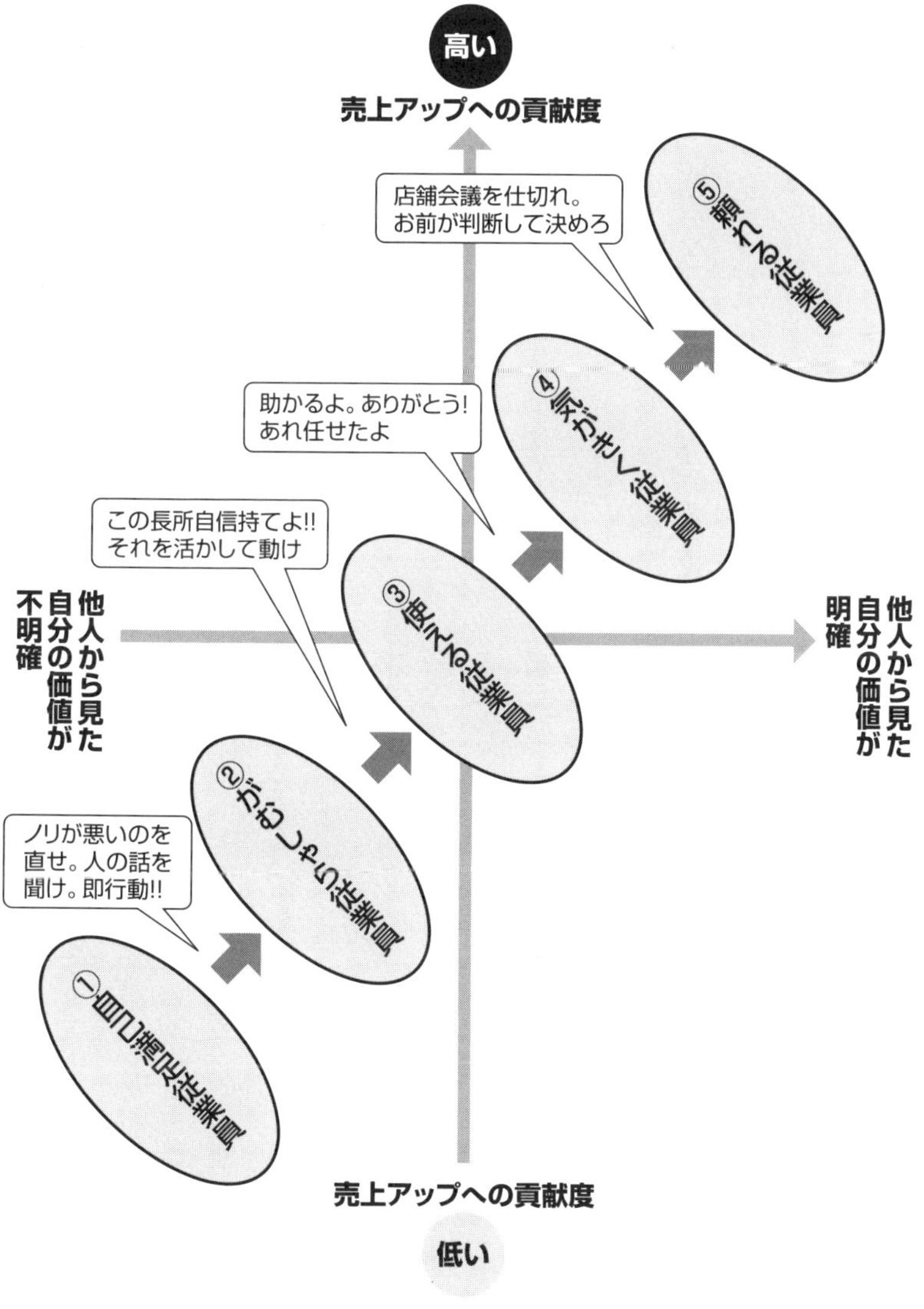
高い
売上アップへの貢献度
店舗会議を仕切れ。
お前が判断して決めろ
⑤頼れる従業員
助かるよ。ありがとう!
あれ任せたよ
④気がきく従業員
この長所自信持てよ!!
それを活かして動け
③使える従業員
他人から見た自分の価値が不明確
他人から見た自分の価値が明確
ノリが悪いのを
直せ。人の話を
聞け。即行動!!
②がむしゃら従業員
①自己満足従業員
売上アップへの貢献度
低い

①→②をさせておかないと、使いづらい従業員になります。

自分の人件費を看板メニューで考えさせよう

▼自分がどれだけ売らなければならないか

経営、特に資金繰りのつらさは、オーナー以外にはわからないものです。経営のつらさがわかるからこそ、来店してくれるお客様に心から感謝できます。この意識が少しでも従業員に伝われば、お客様へのサービスも変わってきます。そこで、看板メニューをいくら売れば、自分の人件費をペイできるのかを考えさせてみましょう。

ここに、1000円の看板メニューがあるとします。設定人件費率が25％で時給が1000円だとすると、いくら売らなければならないかを考えさせます。ホール・調理両方の人件費が含まれるため、それぞれ同数であれば、2人分売る必要があることを説明します。

答えは、1000円（時給）÷25％×2人分＝8000円となり、ホールスタッフであれば、自分がオーダーを通して、1時間に8000円を売上なければ、人件費がペイできないことがわかります。

さらに、8000円×14％（看板メニューの目標売上構成比）÷1000円（看板メニューの売価）＝1・1個。つまり1時間に看板メニューを1・1個は売らないと、自分の人件費分の売上確保の行動をしていないということを理解させます。この場合、その日の勤務時間×1・1が、1日の看板メニューの販売目標になります。

▼調理スタッフにも競争させる

また調理場では、カテゴリーで売上を競争させます。カテゴリーごとの月間売上を計算し、自分が人件費分の仕事をしているかどうかを考えさせるのです。カテゴリーの責任者を決めて、かかった人件費から必要売上を算出し、どのように手を打つかを会議で発表させます。

あるカテゴリーの1ヶ月の人件費が50万円なら、50万円÷25％×2名分（ホール分含む）＝400万円という必要売上が算出でき、具体策が立てやすくなります。

ある居酒屋では、これを行なうことで、まず調理場のほうがスピード提供を心がけ、ホールスタッフに自分のカテゴリーの商品を売ってもらえるよう個別に頼むようになりました。そしてホール、調理場とも、目標を達成した人には賞金を出すようにしています。

数字によって、自分がやるべき行動を考えさせよう

目標管理シートで従業員教育を

▼意図を理解しないと導入しても失敗する

店に目標管理制度を導入するのはいいのですが、そこで管理者だけが盛り上がっていませんか。多くの会社で実施されているものの、成功している会社は3割というデータもあります。いくらすばらしい制度でも、その意図を理解せずに導入すると失敗するということです。

目標管理制度の目的は、主に二つです。①各人に課せられた役割行動について、少しでも早く上手にできるようになる方法を考えさせ、実行させることと、②それ以外の独自行動で店舗を良くしていくことを考えさせ、実行させることです。

▼1目標1シートで目標管理

多くの会社では、①だけを目標管理と考え、②まで要求することは稀です。つまり②の部分で育成しないため、いつまでたっても楽しくなく、自分独自の行動にもつながらない目標管理制度なので定着せず、形だけのものになってしまうのです。それでは、店や売上はいっこうに改善されません。

ここで紹介する目標管理シートは、左記のようなA4判1枚の用紙を使用します。

このポイントは、①常にやることは必ず一つとし、1目標1シートで管理すること、②目標は具体的な行動レベルで上司がOKを出した内容とする、③その目標が役割行動の習得か独自行動かを本人に自覚させる、④達成内容より枚数で目標管理への取組みを評価し、給与等に反映させる、⑤目標達成のために必要なものと手順を考えさせ、その進捗報告を毎週させ、それについて上司がコメントを記入する、の五つです。

これにより、上司と部下とのコミュニケーションも取れ、また部下の目標管理シートの徹底を上司の評価項目にしておくことで、社長や営業本部長が簡単に、店長の状況や能力を把握することができます。

店の仕事をしながら取り組んでいくため、抽象的な目標ではうまくいきません。「今日はこれをやる」というレベルで、目標達成のために一つずつやることを決めさせることが成功の秘訣です。

使える目標管理シートの例

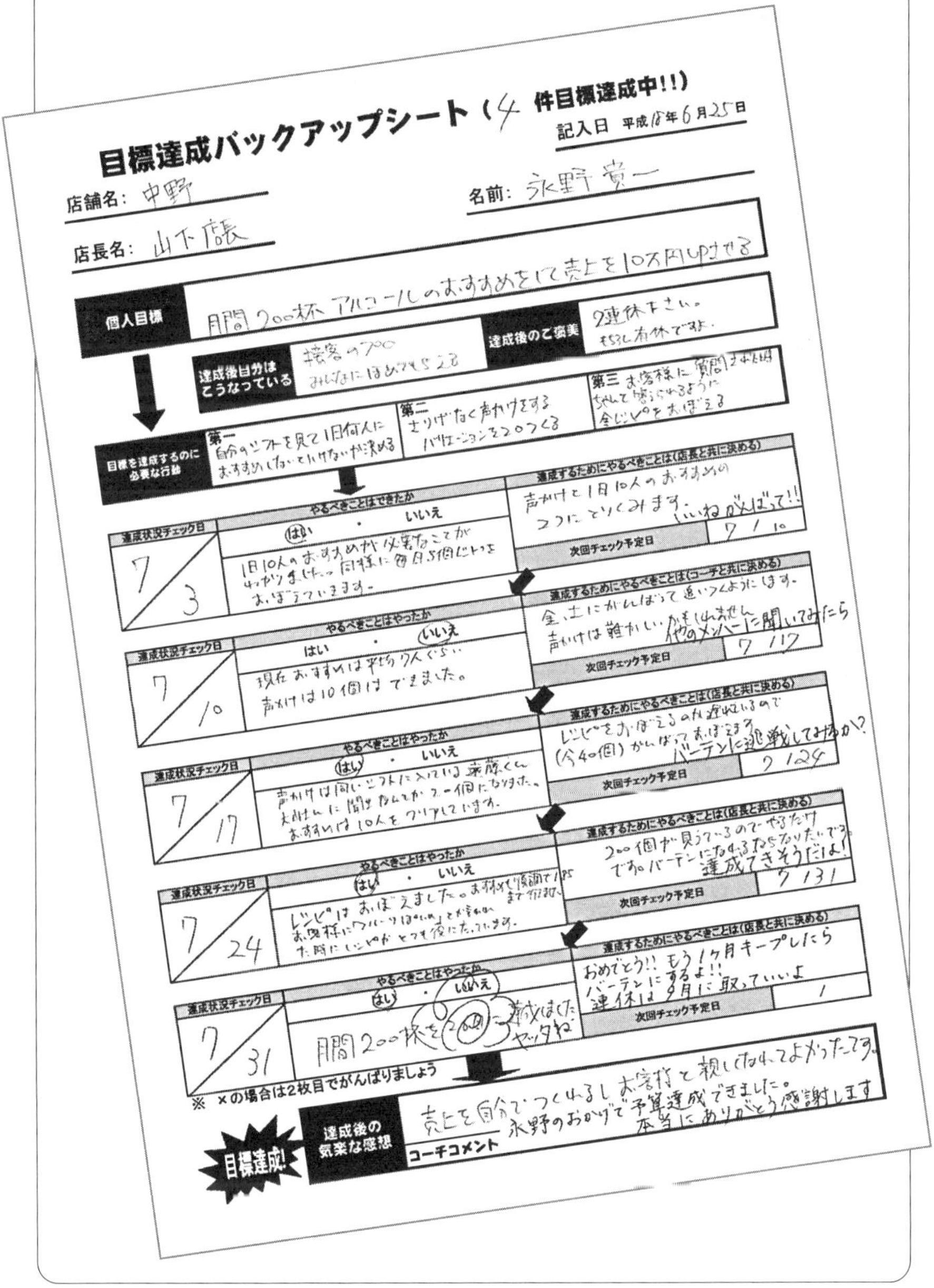

目標達成バックアップシート（4 件目標達成中!!）

記入日 平成18年6月25日

店舗名: 中野

名前: 永野 賞一

店長名: 山下店長

個人目標: 月間200杯 アルコールのおすすめをして売上を10万円UPさせる

達成後のご褒美: 2連休下さい。もちろん有休ですよ。

達成後自分はこうなっている: 接客のプロ みんなにほめてもらえる

目標を達成するのに必要な行動:
第一 自分のシフトを見て1日何人におすすめしないといけないか決める
第二 さりげなく声かけをする バリエーションを20つくる
第三 お客様に質問されても ちゃんと答えられるように 全レシピをおぼえる

達成状況チェック日 7/3
やるべきことはできたか （はい）・いいえ
1日10人のおすすめが必要なことがわかりました。同様に毎日5個ドリンクをおぼえています。
達成するためにやるべきことは(店長と共に決める): 声かけと1日10人のおすすめの2つにとりくみます。いいねがんばって!!
次回チェック予定日 7/10

達成状況チェック日 7/10
やるべきことはやったか はい・（いいえ）
現在おすすめは平均9人ぐらい。声かけは10個はできました。
達成するためにやるべきことは(コーチと共に決める): 追いつくようにします。金、土にがんばって追いつくようにします。声かけは難かしいかもしれません 他のメンバーに聞いてみたら
次回チェック予定日 7/17

達成状況チェック日 7/17
やるべきことはやったか （はい）・いいえ
声かけは同じシフトに入っている斎藤くん大渕さんに聞きなんとか20個になりました。おすすめは10人をクリアしています。
達成するためにやるべきことは(店長と共に決める): レシピをおぼえるのが遅れているので（今40個）がんばっておぼえます バーテンに挑戦してみるか?
次回チェック予定日 7/24

達成状況チェック日 7/24
やるべきことはやったか （はい）・いいえ
レシピはおぼえました。おすすめも順調で185まで行きました。お客様に「フルーツ味のは」と言われた時にレシピがとても役にたっています。
達成するためにやるべきことは(店長と共に決める): 200個が見えているのでやるだけです。バーテンになれるならなりたいです。達成できそうだね!
次回チェック予定日 7/31

達成状況チェック日 7/31
やるべきことはやったか （はい）・（いいえ）
月間200杯を達成しました ヤッタね
達成するためにやるべきことは(店長と共に決める): おめでとう!! もう1ヶ月キープしたらバーテンにするよ!! 連休は9月に取っていいよ
次回チェック予定日 /

※ ×の場合は2枚目でがんばりましょう

目標達成!

達成後の気楽な感想: 売上を自分でつくれるしお客様と親しくなれてよかったです。

コーチコメント: 永野のおかげで予算達成できました。本当にありがとう感謝します

01　看板メニューをとにかく早く出すようにしよう

02　熱いものは熱く、冷たいものは冷たく提供する

03　朝礼を行ない、メリハリをつけよう

04　終礼で今日の結果にけじめをつけよう

05　作業割当表でムリ・ムダ・ムラを省こう

06　作業一覧シートで効率化を図ろう

07　月間・週間の作業一覧シートで、より効率化

08　三大事故に備えて対応練習をしよう

09　お客様のタイプ別に、接客を工夫しよう

10　従業員の個性で看板メニューを販売しよう

6章

販促で集客する前に店内体制を整えよう

看板メニューをとにかく早く出すようにしよう

▼スピードが売上アップにつながる

ある海鮮居酒屋に、メニューを変えずに売上を前年同月比で120％にアップさせた店長がいます。料理提供のスピードアップと、自由に席を選んでもらうことを2ヶ月で徹底したということでした。ファーストオーダーのうち1品は、スタッフで協力して遅くとも10分以内に、全商品を30分以内に出すようにして、間に合わない場合には、自らお客様に一言かけたそうです。

以前は、場合によっては40～50分かかっていて、お客様の中には、いったん着席したものの、料理の遅さに怒って途中で帰ってしまう方もいたとのことでした。

今、来店してくださる既存客は、あなたの店に満足しています。そのお客様が再来店してくれる最大のサービスは、スピード提供です。このことに本気で取り組めば、売上は上がります。手順は次の通りです。

▼いかに効率的に作業を進めるか

①早く出す料理を出数から10品決める、②注文が入ってから包丁とまな板を使わないですむよう、仕込みの比率を高める、③1人前（ポーション）にして、ビニール袋に入れるか皿に盛り置きしておく、④盛り付けの際、微調整をしないようにする、⑤皿を置く場所を1ヶ所に限定せず、調理人が動かないですむようにする、⑥冷蔵・冷凍庫内の食材の配置表をつくり、探さないですむようにする、⑦ホール・調理場に関係なくお互い手伝えるように、両方のリーダー同士を協力させる（まず閉め作業をお互いに手伝い、一緒に終わるようにすることから始める）、⑧ホール・キッチンの両方ができる人間を最低2名は育てる、⑨パントリー（デシャップ）に従業員を配置し、たとえば「5卓の○○を先につくってください。あと何分ぐらいですか?」などと、調理場に具体的に指示させる、⑩店長はスピードアップしたことについて、スタッフに心から感謝する。

この10項目によってスピードアップが図れるはずですが、それでも提供が遅れてお客様からクレームがついた場合は、店長自らがあと何分でできるかを確認をして、お客様に時間と状況を説明するようにしてください。

スピードアップ＝売上アップということを徹底させる

熱いものは熱く、冷たいものは冷たく提供する

▼商品にメリハリのあるおいしさ感を

極熱・極冷を徹底すると、商品にメリハリが出て、それだけでおいしさの価値が上がります。実際、繁盛店のほとんどが、味噌汁やスープを極熱で提供しています。ラーメンも同様です。刺身は器に氷を敷いて盛り、冷やしうどんは氷水にさらして、冷やして提供します。

食べやすさを考えれば、ぬるめのほうがいいのですが、この場合はおいしさ感（見栄え）が優先されます。私はとんかつの繁盛店30軒を食べ歩きましたが、ほとんどの店が、ごはんは炊きたて、味噌汁はあつあつを提供しています。たとえば、東京・目黒の「とんき」という繁盛店では、豚汁を寸胴鍋から1人前ずつ雪平鍋に取り分け、これを温めてあつあつのものを提供していました。

私が支援している店では、ホットウォーマーでぬるめの味噌汁を出していました。同様に、ある居酒屋では、ピーク中はネタケースからの出し入れが多くなり、ぬるい刺身が出ていました。

それぞれ違う店ですが、鍋で温めた味噌汁を出してもらうこと、刺身はクラッシュアイスの上に盛り付けることに挑戦してもらい、それぞれ売上アップをはたしています。

▼多くのお客様が注文するものに着目する

集客看板メニューは多くのお客様が注文する商品なので、そこから手をつけると反応が早いわけですが、あつあつの味噌汁と炊きたてのごはんは、定食の店では、ほぼ100%のお客様に関わるものであるため、売上がアップしないはずがありません。

また、居酒屋ではお通しと生ビールが同じ性格の商品といえます。冬の寒い日にも冷めたお通しが出てくる店が多い中で、温めたお通しを出す店ではお客様の財布も緩みます。また、冷えていないジョッキに泡だらけのビールを入れて出すことも考えものです。

こうした点を改善しない店では、売上アップはできません。やると決めたら徹底して行ない、水準に満たない商品はつくり直させてください。その厳しさが現場スタッフの取り組み方を変えるのです。

熱さ、冷たさで、商品にメリハリを

朝礼を行ない、メリハリをつけよう

▼状況を変えるためには、伝えることが重要

朝礼を行なっている店としていない店を比べると、やはり従業員のやる気に違いがあります。それは、最終的には売上の差につながっていきます。

面白いことに、売上がアップしてくると店長から従業員に伝えたいことが増えるため、自然に朝礼が行なわれるようになります。それは、店長自身が看板メニューの売れ個数を増やすことにより全体売上がアップし始め、自分の行動で状況が変えられることを感じ始めたからです。役割行動以外で新しいことを打ち出し、状況を変えることができれば、主張したいことも増えてきます。

これは、店長だけでなく、メンバー全員についても同じです。朝礼の場でみんなが自己主張するようになることによってそれぞれが新しい発見をし、フレッシュな気持ちになるのです。

▼具体的な朝礼の進め方は

朝礼の手順は、以下の通りです。

①「本日の朝礼を始めます」と店長が大きな声で集め、必ず全員を参加させる。②店長が連絡事項を伝える。③看板メニューについてのお客様の声を発表し、スタッフに感想を聞き、共感的認識力を磨く。④今日、看板メニューを何個売るかを全員にいわせて、合計で○個目標と確認する。また調理場メンバーに、当日の看板メニューのセールスポイントをいわせる。⑤調理長に3分間、メニューについて話してもらう。⑥自分の個人目標について、行動レベルで全員に話をしてもらう。⑦店長がまとめを行ない、全員で接客7大用語の唱和をする。⑧終わりに「本日もよろしくお願いします」とあいさつし、各人が持ち場につく。⑨持ち回りで今日の朝礼についてノートに記録してもらう。

朝礼がマンネリ化しないポイントとして、行動レベルで話した個人目標について、終業時にどうだったのかを確認することが挙げられます。

また、店長が主体性をもって、本部やスーパーバイザーがどうかではなく、「自分がどう思うか」を従業員に伝えることが大切です。

接客力を高めるためのボイストレーニングを

① あくびの「あ」で大きく口をあける

のどを開いて、あくびをするときのように
「あ〜」と、とにかく大きな口を開けて声を出す

② 滑舌をしっかりしてお客様に気持ちよく聞こえるようにする

滑舌とは演劇やアナウンスなどで、せりふや台本をなめらかに
発声すること

あ・え・い・う・え・お・あ・お
か・け・き・く・け・こ・か・こ
さ・せ・し・す・せ・そ・さ・そ
た・て・ち・つ・て・と・た・と
な・ね・に・ぬ・ね・の・な・の
は・へ・ひ・ふ・へ・ほ・は・ほ
ま・め・み・む・め・も・ま・も
や・え・い・ゆ・え・よ・や・よ
ら・れ・り・る・れ・ろ・ら・ろ
わ・え・い・う・え・を・わ・を

（横に読んでいきます）

③ ②が飽きてきたら代わりに早口言葉の練習を

1）赤なっぱ青なっぱ　青なっぱ赤なっぱ
2）赤まきがみ青まきがみ黄まきがみ長まきがみ長まきがみ黄まきがみ
3）東京駒込特許許可局向かう途中でバスガス爆発

④ 看板メニューの説明を大きな声で1人でさせる

⑤ 最後に接客7大用語の唱和を

①いらっしゃいませ
②はい、お客様
③少々お待ちくださいませ
④失礼したします
⑤お待たせいたしました
⑥おそれいります
⑦ありがとうございました

Section 04

終礼で今日の結果にけじめをつけよう

▼毎日の区切りで成長を確認

終礼を行なう意味は、今日の結果にけじめをつけるということです。朝礼でいったことに対して、今日の時点で、できたこととできなかったことをはっきりさせる必要があります。これをしなければ、自分が成長をしているかどうかがわかりません。

私たちは、お正月があるから年が替わったと思うし、成人式を迎えて大人になったと感じます。何もないのに「俺は大人だ！」とは意識しにくいのです。

終礼で現状をはっきり認識することが、店舗の成長に必要です。具体的には、朝礼で各スタッフがいった目標を達成できたかどうかを確認します。朝礼に参加していないスタッフについても、月間目標に基づいて何に取り組み、どうだったかを確認していきます。

▼スタッフの発言には自分の言葉で反応すること

シフト制でスタッフの退勤時間がバラバラの場合は、上がるときには必ず店長に声をかけさせるようにして、「○○はどうだった？」と聞くようにします。そして、達成したときは、無条件にほめてあげましょう。

もちろん、自分の能力や他のスタッフと比較すれば、優秀といえないこともあるでしょうが、そのスタッフのレベルでほめてあげるのです。いわば絶対評価です。そして、感想を一言いってあげてください。「やってみてどうだった？」でも「よくやったな。すごいな」でもいいのです。自分の言葉で反応してください。スタッフに声をかけてできるということは、お客様にもできるということです。スタッフへの対応とお客様への対応は、別問題ではなく、分けて考えると成長しません。

なお、店長自身が目標を持って、その達成のため具体的に取り組んでいないと、スタッフにもそれを求めることはできません。

このため終礼で、①店長自身の目標が達成できたか、②スタッフ各人が目標を達成できたか、またそれを踏まえて明日からどうするか、③その日の営業での問題点、④お客様が看板メニューについていってくれたこと、⑤看板メニューの出数結果、について話し合います。

終礼で現状をしっかりと認識させよう

作業割当表でムリ・ムダ・ムラを省こう

▼スタッフの動きを正確に把握するために

店長は、営業中にスタッフが何をしているのか把握していないと主導権が握れず、看板メニューのおすすめ体制がいつまでもできません。

1日の営業時間中に、いつ誰が何をどのようにするかを書いたものを作業割当表といいます。作業割当表があると、店長が考えているように従業員が動き、また勝手に勤務時間を延長されることがありません。

▼五つの手順

作業割当表を正しく導入するには、次の五つの手順を踏みます。①現在の作業結果を作業割当表に書き込み、ムリ・ムダ・ムラがないかを見る。②売上予測に基づき、ムリ・ムダ・ムラがないよう、時間帯ごとの人員配置をする。③売上予測と計画した人件費率にしたがって、実際に使える時間数を計算する。④スタッフの習熟度を考え、メンバー構成についても配慮する。⑤シフト表としても活用するため、2週間分を作成する。

①、②の段階では、誰にどのように働いてもらうかとその結果を書いていけばいいのですが、③からは、人件費をコントロールするために、人時売上高というものさしを使います。まず、社員分（社会保険料、福利厚生費を含む）も入れた1ヶ月の総人件費÷総労働時間で、その店の平均時給を算出します。それを計画人件費率で割れば、1時間に1人当たり必要な売上高が出てきます。たとえば、平均時給1000円で人件費率30％だとすると、1000円÷30％＝3333円となり、目標人時売上高が出ます。売上予測が33万円の場合、総労働時間100時間として作業割当を組めばいいのです。

④については、退職予定のスタッフがいる場合の代役や、1ヶ月後の習熟度などを考えながら作業割当を組んでいくということです。

⑤について具体的には、1ヶ月先までの日別売上予測を立て、作業割当を2週間ずつ組んでいきます。そしてそれをシフト表とします。これにより、現場教育がより緻密に実施でき、スタッフに予告しておけば、彼らも先輩から事前に教わることによって、習熟が早まります。

ワークスケジュール表の例

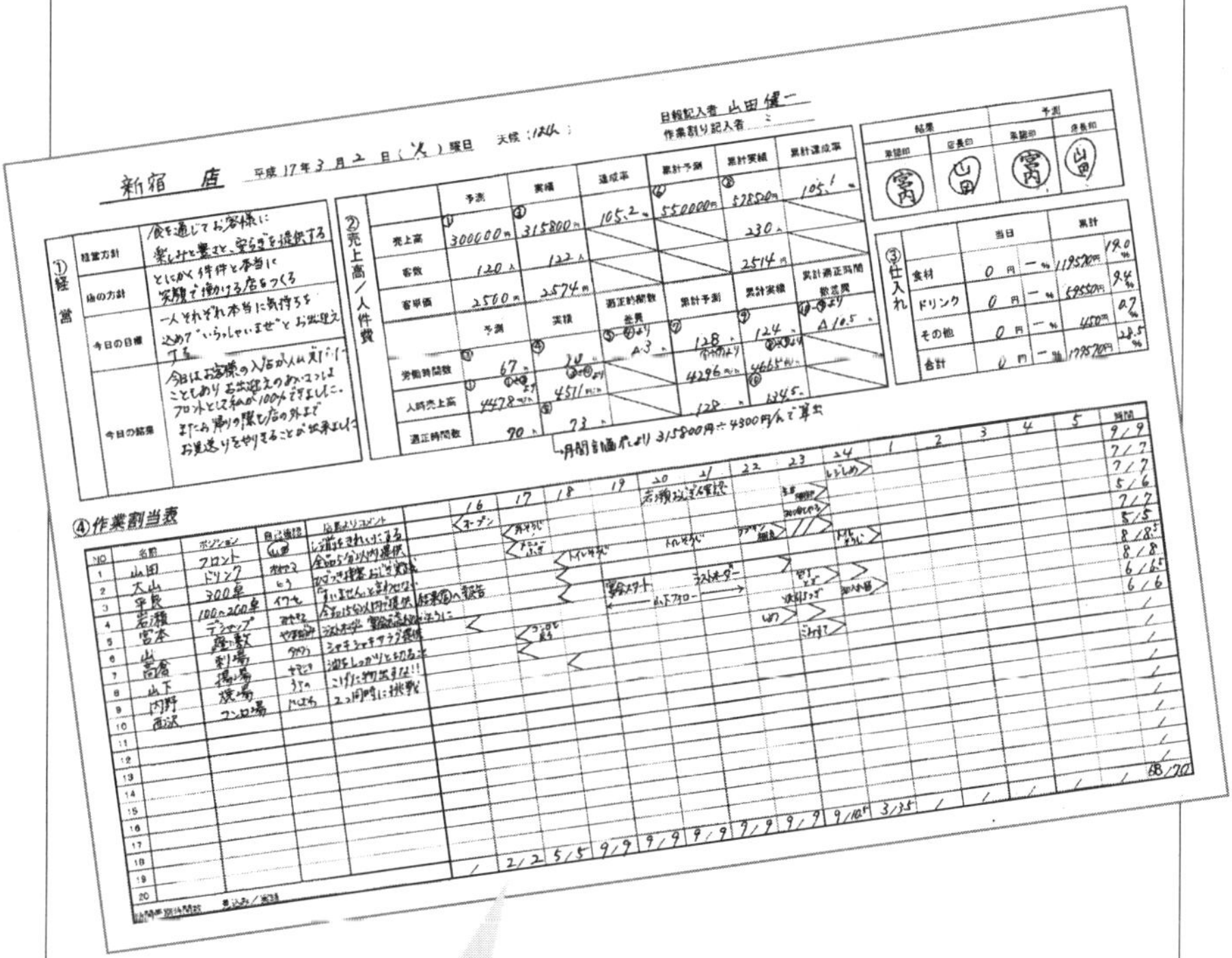

これがワークスケジュール表です。作業割当表と売上予測、日報を１枚にすることで、人件費管理をもとにした営業改善から、引継ぎ店長が今いる人員をどのように使えばいいのかまでがわかるようになっています。

作業一覧シートで効率化を図ろう

▼トラブルで全体を乱さないために

作業のやり忘れや不完全な作業は、仕事の乱れにつながります。たとえば、開店直前に炊飯器のスイッチが入ってないことに気づいた、営業中にトイレが水浸しなのがわかった、などといったケースです。そのために1名分のマンパワーが取られ、他のメンバーにしわ寄せがきます。そして調子が一度狂い出すと、立て直すことに時間と神経を遣うことになります。

▼ポストイットを使って作業一覧を

そうならない方法があります。接客作業以外を、時間帯別・ポジション別にして、作業を順番に書き出した「作業一覧シート」をつくり、これにより指示していくのです。作成に当たっては、項目の入れ替えが容易なポストイットを活用します。手順は次の通りです。

①フロアの仕事を、ポストイットに1作業1枚ですべて書き出す。②それを、開店・引継ぎ・閉店の三つの時間帯に大きく分類する。③さらにポジション別に分類し、ポジション×三つの時間帯（開店・引き継ぎ・閉店）で、それぞれ1枚のシートにしていく。④最も速く、レベルの高いスタッフがしている順番に並べ替える。⑤1作業ごとに標準時間を書き、1シートごとに作業時間を集計していく。⑥それを簡易マニュアルとしてスタッフに渡し、作業の後もセルフチェックさせる。

このシートを活用すればうっかりミスがなくなるし、新入スタッフもリスト通りに作業をしていけばいいので習得の効率が高まります。

店長にとっては、作業の棚卸ができるため、先に紹介した作業割当表の正確度が増します。たとえば、開店作業を1時間前に1人で行なっていたとして、作業一覧シートの開店作業の合計時間が1時間30分であれば、どこかを端折らなければ開店に間に合いません。そうした場合、後でトラブルやしわ寄せが来てしまいます。

こうした場合には、別の時間に作業を振り分けるか、30分だけもう1名に早く来てもらい、その1時間を1・5名にすることが考えられます。これにより、看板メニューを売り切るための安定した営業環境が整うのです。

ポストイットを貼り付けて表をつくる

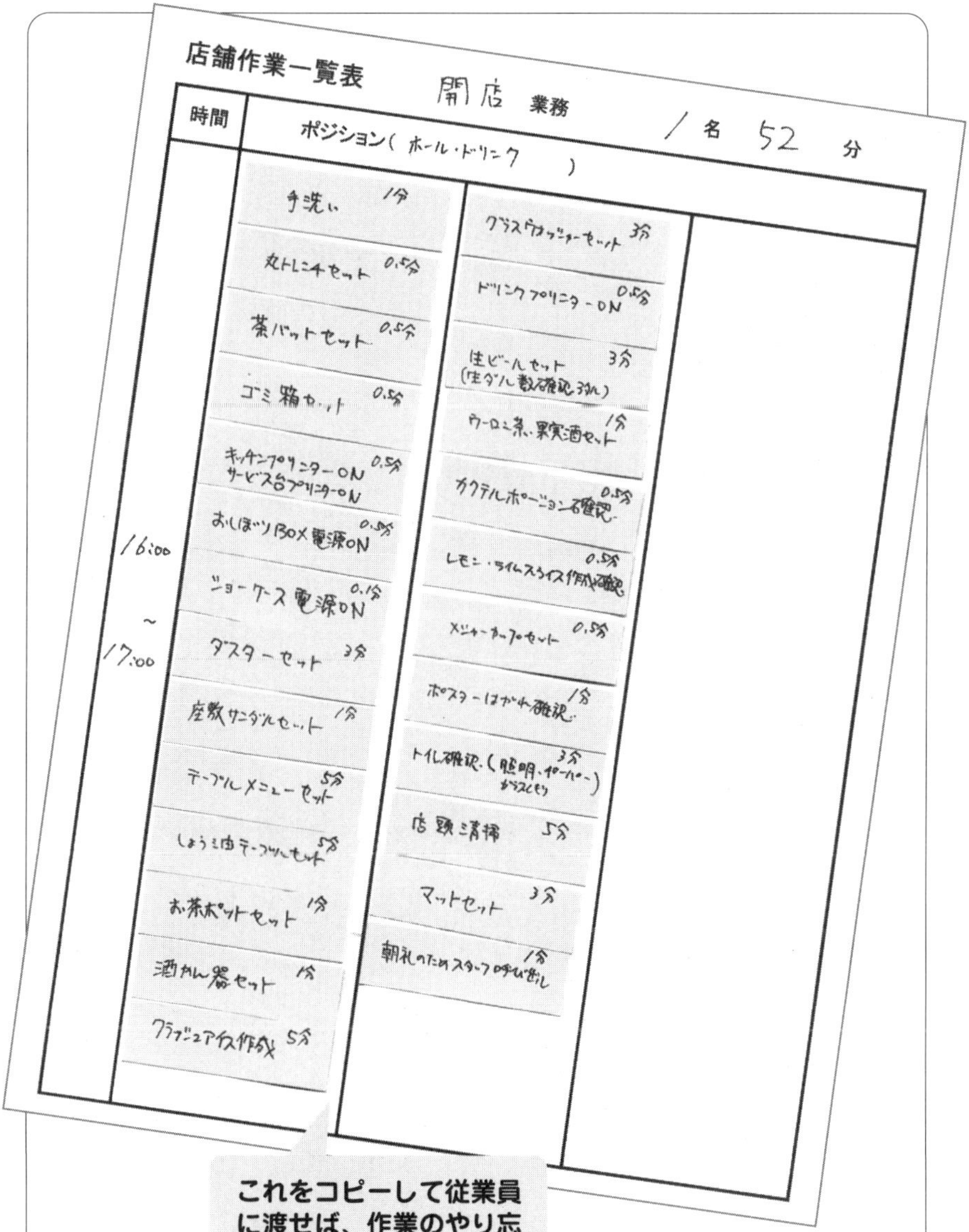

これをコピーして従業員に渡せば、作業のやり忘れ防止とスピードアップが可能になります。

月間・週間の作業一覧シートで、より効率化

▼忘れがちな作業を一目でチェック

作業一覧シートは、日々の作業だけでなく、週間・月間の作業の整理と徹底に活用できます。

曜日別に分けた週間作業表、月間作業表の2枚をつくり、店舗に貼っておくことで、忘れがちなエアコンフィルターや台下冷蔵庫の清掃も徹底できます。

実は、エアコンフィルターの清掃状況を見れば、店長の管理能力がわかります。シアトルコーヒーで有名なチェーン店でも、エアコンフィルターの掃除は店によってかなりばらつきがあります。面白いことにフィルターがきれいな店ほどコーヒーもおいしく、味が安定しています。飲食店の場合、店が汚くても、おいしければ繁盛するところもありますが、エアコンフィルターだけでなくメニュー表やカスターセットなどが清潔に整理されている店のほうが全体に目が行き届くため、繁盛店になれる確率が高いといえるでしょう。

▼店長はポジションについてはならない

とはいっても、店長自身はできる限りルーチンワークを行なわないようにするべきです。店長としての目標は、営業中はポジションにつかず、①お客様来店時のあいさつを徹底し、②看板メニューのおすすめを率先垂範し、③レジ前でお客様と商品について会話をし、④新人教育をする、という四つに集中できるようになることです。

店長が作業に没頭していたのでは、看板メニューの出数は増えないし、全体売上もアップしません。売上が下がり、人件費率がオーバーしてくれば、自分がポジションに入らなければならなくなります。

そうならないためにも、売上アップを図りながら、作業割当表と作業一覧シートで人件費管理を行ないます。

余談ですが、売上が予算よりアップしているのに、当初の決められた人件費を守ろうとしている店長がいます。しかしそれでは、自分だけでなく、お客様にしわ寄せがきてしまいます。このような場合は、人時売上高を活用し、設定人件費率をキープしたまま売上に合わせて、当初予算よりも多く人件費を使ってもいいいか、オーナーや本部に確認するべきです。

週間・月間でもきちんとスケジューリングを

週間作業一覧　　　　　　　　　　　　　　　　（　　　　　店）

月	火	水	木	金	土	日
30分 エアコンフィルター清掃	30分 ごみ箱水洗い	30分 ショーケースガラス拭き				

作業一覧シートと同様にポストイットに書いて貼り出していきます。やることをぎっしり書かず、少しずつ増やしていくことと、やり残しの作業をするための予備日を設けておくことがポイントです。

月間定期作業一覧

120分 月末棚卸入力	60分 食器確認					

月間不定期作業一覧

30分 バックヤード清掃						

三大事故に備えて対応練習をしよう

▼事故時のお客様対応には必ず店長が当たる

飲食業における三大事故とは、商品遅延・衣類汚損・異物混入のことです。このような事故が起きた場合、そのお客様対応には必ず店長自身が当たるべきです。

もしそれをスタッフに任せてしまうと、お客様からは客を大切にしない店だと思われ、従業員からはつらいことから逃げる店長と思われてしまいます。

▼事故対応と予防対策

さて本題ですが、もしお客様の服を汚してしまった場合、何を使って拭くか決めていますか。このような事故時の対応について、きちんと決めてありますか。

「異物混入の報告があり、客席に行くと、そのお皿が置きっぱなしになっていて、お客様があきれながらそれを眺めている。その定食のおかずはつくり直したが、ごはんは最初に出したもののままで冷めてしまっている」

「オープン料理の注文が多く、事前に時間がかかる旨のことわりもなく、20分たっても何一つ出てこない」

「声をかけずに、後ろから急にドリンクを提供したため、お客様にドリンクをかけてしまった」

よくあることとはいえ、このような三大事故については、まずロールプレイングを行ない、最低限の被害にとどめられるようにその対応を体で覚えさせます。そして、事故が起こらないように手を打っていきます。

では、どのように予防するかですが、商品遅延については、仕込みの度合を上げること、作業割当表で事前に弱い調理ポジションをフォローする担当を決めること、注文が重なった場合は、お客様に「お時間を30分ほどいただいてよろしいですか」と聞くことです。衣類汚損予防には、トレンチの持ち方とお客様への声かけを教えます。そして、どのお客様の流れも基本的には同じで、次の行動は予測できることを教え、忙しくても焦らないようにさせます。異物混入対策は、帽子をかぶることを徹底し、まな板・包丁は常に清潔を保ち、デシャップ担当者が最終チェックすることを徹底させます。

しかし、店長が最も危機感を持ってこれを徹底させることが、一番の事故予防といえます。

このようなロールプレイングを実施している店もある

衣類汚損時のロールプレイング用台本

登場人物　お客様（女）、お客様（男）、従業員A、従業員B、店長の５名
状況　　お客様は２名のカップル。料理を置く時に従業員Aがドリンクのグラスを倒してしまい女性のお客様の服にかかる

登場人物	内容	備考
お客様（女）	「キャ！冷たい！」といって立ち上がる	グラスを立てるのが 最優先
従業員A	「申し訳ありません」と言ってグラスをおこし お絞りを取りに走る	拭くものは何か決めておく 当事者はパニックなので チームで解決
従業員B	衣類汚損に気付き、一緒にお絞りをもってその場に行く	真っ先にお絞りを手渡す
お客様（女）	従業員Aから新しいお絞りを受け取り、自分の洋服を拭いている。	触らないでその素振りをする
従業員A	一緒にお客様の服を拭こうとする	どんどん新しいのを使っていただく
お客様（女）	「いいから触らないで」と強い口調で言われる	残されたお客様をほっとかない。
従業員A	「すみません」と言って、新しいお絞りを渡すことに終始する	
従業員B	お客様（男）に「大変申し訳ありませんでした。 お客様にはかかっていませんか」と聞く	
お客様（男）	「俺は大丈夫だけど、どうしてくれるんだよ！」と怒り出す。	場所を変えて気持ちを できるだけ引き摺らないように工夫 する
従業員B	「申し訳ありません。とにかく先に片付けさせていただき、店長が 話しをさせていただきに来ます」 「横のテーブルにお移り頂いてよろしいですか」 といって移っていただく	お客様の事を考えて 落ち着ける場所を提案する
お客様（男）	席を移る	
従業員（A）	「ここだと拭きにくいと思いますので 手洗いが開いていますので、そちらに 行きましょう」と言って誘導する	店長に端的に報告する
従業員（B）	片付け終わり、新し移ったテーブルに 料理を並べ直す。冷えた料理は調理場に行き 再度至急でつくってもらう 店長に「〇〇さんが△卓のお客様の服にドリンクをかけてしまいま した。お客様は今トイレにいて、片付けは終わっています」と報告 に行く	台本はこの段階で登場になっている が、気付け店長はすぐ駆けつける
店長	お客様（男）の方に歩み寄り、「うちの従業員が大変なことをして 申し訳ありません。私が店長の〇〇です」と伝える	お客様より目線を低くする
お客様（男）	「せっかく楽しく飲んでいたのにどうしてくれるんだよ」と店長に 絡む	
店長	「こちらに100%非があります。本当に申し訳ありません」	お客様の話にのって質問してみる
お客様（男）	「すいませんばっかりでなく、誠意を見せてくれよ」	
店長	「お客様が求められる誠意とがどのようなものでしょうか？教え ていただけないでしょうか」	話がエスカレートしないように時間 を置く
お客様（男）	「慰謝料･･･」	
店長	「お客様のおっしゃっていることは理解できました」「ご本人の女 性のお客様が戻られてから話をさせていただきたいのですが よろしいでしょうか」と伝える	

ここでは、事故があった時に、バラバラにならないようにチームで、迅速に行動することが目的なので
ここまでにします。この場合の解決策は、最悪の最悪ではお客様にユニフォームを着て謝って、
家が近ければタクシーで家までお送りする。その際、飲食代サービスと帰りにクリーニング代として
1,000円を渡す。それ以上かかる場合は、領収書を持ってきて頂くようにする。このように話しながら
最終手段を決めておきひたすら謝る。必ず許してもらった上で飲食サービス等の話をする。
お客様の３万円の話には絶対にのらないようにして、「もういいよ」と言ってくれるキーパーソンを探し
その人を良く見てとにかく謝るようにしていきます。（最悪の最悪の状況で練習しておけば怖いものなしです）

お客様のタイプ別に、接客を工夫しよう

ってお客様を見ながら、右手で大げさに袖を直すようにゆっくりと手を前に出し伝票を取るようにすると、雑炊を選ぶ可能性が高くなります。さらに「雑炊がおいしくおすすめです」といえば、まず間違いなく雑炊になります。迷っている場合は、深読みするタイプのNO派である可能性が高いので「雑炊がおすすめですが、ちょっと重いでしょうか」とたたみかけると、ごはんを選びます。

▼ゲーム感覚から接客の本質へ

このテクニックは、接客がマンネリ化しているスタッフに教えてください。ちょっとしたゲーム感覚で、お客様により興味を持つようになります。そして、それをマスターしたら本当の接客を教えます。

満員時にフロアの中央に立たせて、ぐるりとお客様の顔を眺めさせます。そして楽しそうにしていないお客様がいたら、なぜなのかを考え、商品の遅延等こちらの落ち度がないか確かめ、自分ができることを実践しなさいと教育していきます。

▼YESタイプとNOタイプ

看板メニューをおすすめするとき、面白いやり方があります。まずお客様をほめるのです。そのときの反応によって、看板メニューのすすめ方を少し変えてみます。

「いいネクタイですね」というと、「そう。ありがとう」と肯定的な返事をする方と「いやいや、安物だよ」と否定的な返事をする方がいます。

肯定的な方には、ストレートに「○○が当店一番の看板メニューです。いかかですか」とおすすめします。否定的な方には、「○○が当店一番の看板メニューですが、今日は違うものにされますか?」と、楽しい雰囲気で否定形で聞いてみると、注文率が高くなります。ふだん、YESで答えている方はYESで答えようとし、NOと答え慣れている方はNOと答えるほうがラクなのです。

同様に、うどんにするか雑炊にするかをお尋ねするときは、手のひらを胸のところで合わせて、手のひらを順番に返しながら、右手を返すときに「雑炊になさいますか」、左手を返すときに「うどんになさいますか」とい

お客様のタイプを見きわめて接客する

Section 10

従業員の個性で看板メニューを販売しよう

▼スタッフの個性とおすすめを結びつける

自分自身が出数を増やそうと決めて実行し、自店の看板メニューについては商圏内で一番だという自信がつくと、お客様に対してより積極的に販促ができ、商品開発に取り組めるようになります。

それと同様に、経営者や店長からスタッフ各人が、ここは店で一番と個性を認められ、その個性をより発展させて看板メニューのおすすめ・改善と結びつけることができれば、看板メニューの出数も増え、スタッフの個性にも磨きがかかるようになります。

他人が「ここがいいね」といってくれている個性と自分がいいと思っている個性が一致している場合、それを伸ばせば出数が増え、本人にとっても幸せです。

ただ、自分の個性がどこにあるかわからない場合もあります。だからといって、「あなたの個性は?」と質問しても、表面上の会話で終わってしまいます。

▼面談でそれぞれの個性を見きわめる

そこで、スタッフ各人と面談を行ない、自分が許せない人間のタイプ、もしくは自分がされて本当に腹が立つことを一つだけ挙げてもらいます。

あなたが見て、そのスタッフが出た答えの反対の人間であれば、それこそがその人の伸ばすべき個性となります。それがわかったら、具体的にすばらしい点をほめ、その部分を磨くように指導していきます。

たとえば、どんなときもマイペースで笑顔を忘れないことがその人の個性であれば、それを生かしてピーク時におすすめに行かせてみましょう。また、何事もテキパキと処理できる人であれば、看板メニューのスピード提供をどうするかを考えさせるようにします。

このように、適材適所で働いてもらうことが、看板メニューの出数アップにつながり、ひいては従業員の個性もアップしていくのです。

せっかくの個性を活かし切れなかったり、積極性が見られない場合は、本気で叱責し、指導することも必要です。その他大勢の中に埋没していたのでは、店のためにも本人のためにもならないからです。

スタッフの個性を活かして販促しよう

01　販促の流れを理解し、取り組む順番を決めよう

02　1ヶ月間の粗利アップ額＝販促費と考えよう

03　フリーペーパー広告に挑戦しよう

04　ミニカード型販促に挑戦しよう

05　チラシ作成の仕組みを知ろう

06　トークポスティングに挑戦しよう

07　トークポスティングの話法と注意点

08　当たる新聞折込、五つのポイント

09　再来店を促すカスタマイズカードを仕掛けよう

10　粗利の3％以内の販促費で年間計画を立てよう

7章

店外での販促で
売上150%を目指そう

販促の流れを理解し、取り組む順番を決めよう

▼販促の基本的な流れは

一般的には、まず不特定多数を対象とした新聞折込チラシやフリーペーパーによる販促を行ない、新規客を獲得したらその顧客名簿をつくり、その後はＤＭによって来店を促すというのが販促の流れになります。

基本は変わりませんが、規模や立地に合わせ、それに応じた販促媒体を選択していく必要があります。

ＤＭは、新聞折込チラシに比べて1枚当たり8倍前後のコストがかかりますが、反響率は20〜30倍になります。つまり同じ反響率を得るための販促費は、ＤＭのほうがはるかに割安です。ただしどの店舗でも、新規客獲得のための不特定多数への販促は最低年2回は必要です。

ＤＭによる販促を行なうために、まず、1ヶ月分の売上を満たす名簿の確保を第一目標にします。その数は、年間売上÷12ヶ月÷平均客単価÷平均組人数（わからなければ2・7人）で算出できます。

たとえば、年間売上が1億2000万円、客単価3000円、平均組人数が2・7人であれば、1億2000万÷12÷3000÷2・7＝約1250人となります。

この1250人に対して、誕生日はがきや新メニューＤＭなどを年3回を目安に送ります。

▼誰に向けて販促するのか、狙いを定める

販促全体を考えた場合、その対象を、不特定多数のお客様、特定のお客様、自店から近いお客様、遠いお客様で分類すると販促媒体の整理ができ、そのときどきにふさわしい販促方法が実行しやすくなります（左図参照）。

これが基本ですが、この販促を成功させるには、当たるチラシがつくれなければなりません。本章では、チラシをつくった経験がない方でも無理なく販促ができるよう、その手順を解説していきます。

順序としては、プロにローコストにつくってもらえるフリーペーパーをベースに、小さなカード型チラシをつくり、トークポスティングでご近所を訪問します。そして、そのお客様（候補）から自店の良さや来店しにくい理由を知り、そこで得たことを折込チラシに表現して、同時に名簿を集めＤＭを打っていくというやり方です。

飲食店の販促の流れ

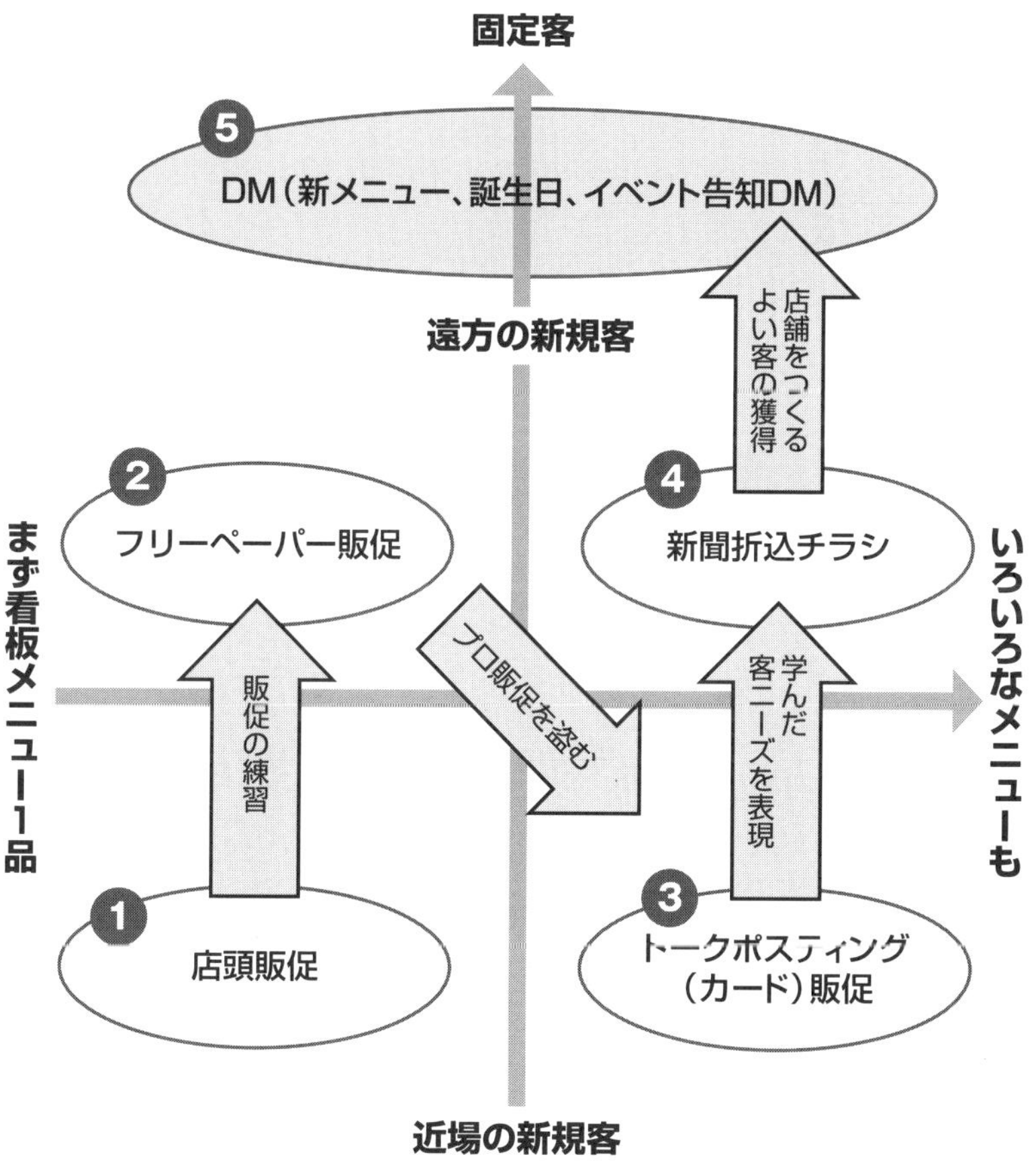
固定客
5
DM（新メニュー、誕生日、イベント告知DM）
店舗をつくるよい客の獲得
遠方の新規客
2
フリーペーパー販促
4
新聞折込チラシ
まず看板メニュー1品
いろいろなメニューも
プロ販促を盗む
販促の練習
学んだ客ニーズを表現
1
店頭販促
3
トークポスティング（カード）販促
近場の新規客

近場の新規客の獲得からスタートして、最小の費用で最大の効果を確実に出せるように販促を行なっていきます。

1ヶ月間の粗利アップ額＝販促費と考えよう

粗利アップ額の基準となる予測売上は、大きく変化がなければ昨年同月売上か、昨年同月売上×直近の2ヶ月間の昨対比率で算出します。また、逆にどれぐらい販促費をかかるのがわかれば、それを粗利率で割ることで目標売上アップ額が算出されます。たとえば、20万円の販促費をかける場合は、20万円÷65％（粗利率）＝31万円になります。20万円の販促費をかければ、2色で3万枚前後の折込チラシか10万部ほどのフリーペーパーに最小枠の4倍の大きさで掲載することができます。

仮に客単価4000円の焼肉店であれば、31万円÷4000円÷2・7人（平均組人数）＝29組となり、29組÷3万枚＝0・1％の反響率で採算が合います。つまり、チラシ1000枚につき1組の来店があればいいのです。

売上アップのためには、「この店はよくチラシを入れているけど、良くないのかな」と思われず、「へー、ここまでこだわっているならうまいんだろう。行ってみよう」と思わせる内容のあるチラシをつくることです。

▼自店のことを忘れられないようにすること

販促を行なうことをお金を捨てることと考え、販促を一切行なわない経営者もいます。しかし長期的な売上アップという面から見ると、それはもったいないことです。

お客様は、「何か食べにいこうか」と思うまで、店のことは考えないし、1種類の料理につき1店舗しか記憶しません。「この料理を食べたい」と思ったとき、真っ先に思い出してもらうために販促は必要なのです。

ところで、どうなれば販促が成功したかということですが、かけた販促費より販促月の粗利額が昨対比で少しでも多ければ、ひとまず成功と考えてください。なお、売上が増えれば原価や経費も増えますが、大まかにいって実際に増えるのは材料費だけです。

▼0・1％の反響率で元は取れる

これまでのコンサルティング先の平均では、新規客の50％が再来店し、またその50％が再々来店して、後は5％ずつ減っていく結果になっています。そのため初めがトントンであれば、再来店で必ず元は取れるのです。

「こだわり」を感じさせるチラシをつくろう

フリーペーパー広告に挑戦しよう

▼応用がきくフリーペーパーから

私は、まずフリーペーパーに掲載することをおすすめしています。自店の良さを引き出しながら、プロが製作費込みでつくってくれ、そのキャッチコピーなどの表現は、他の販促物にも活用することができるからです。

フリーペーパーは掲載スペースは小さいものの、新聞折込と比較すると費用は5分の1で、配布枚数が2～3倍あるため、店舗に話題性があれば、かなり費用対効果の高い媒体といえます。看板メニューが自店の売上構成比の14％以上であれば、話題性という面では十分です。

▼連続して掲載することで効果が出てくる

ただ、1回だけ載せるよりも最低3ヶ月連続で載せたほうが広告効果は高いでしょう。徐々に認知され、掲載最終月が最も売上が高くなるからです。

私のあるクライアントは、広告欄の一番目立つ右上の同じ場所に掲載することと、記事扱いで年1回取材してもらうことを条件に、20％の割引料金で年間契約していて、3ヶ月目ぐらいから、フリーペーパーに出ていたので来たというお客様が急増しました。毎月自店のお客様の一番好きなメニュー紹介という内容の記事を発信したため、親近感から来店してもらえたのです。

その他の例では、大きさが看板のメニューをかわいい子供が持ち、顔の大きさと比較できるようにしてPRしたこともありました。

デザインのポイントは、まず、写真が1枚だけなら、看板メニューと人（従業員、お客様、子供）を一緒に写し、2枚掲載できるのであれば、お客様が店の中をイメージできるように、満席の店内写真を載せることです。無人の店内写真の店が多いので必ず目立ちます。

次に、クーポンは金額割引にするのではなく、クーポン提示で看板メニューがスペシャルバージョンになったり、裏メニューをサービスするといった工夫が必要です。なお宴会については、1人500円で2万円まで割引というように、逆に金額割引で注意をひきます。宴会は不特定多数を幹事がまとめるため、金額割引のようなわかりやすさが店舗を選ぶ理由に必要だからです。

割安なフリーペーパーのスペースを活かす

フリーペーパーにはお客様や従業員の姿を掲載していきましょう。これにより目立つようになります。またクーポンは、看板メニュー以外のものをサービスするようにします。

ミニカード型販促に挑戦しよう

▼チラシの前にミニカードを

フリーペーパーの次に、いきなりB4判などのチラシをつくるのではなく、私はまず、名刺サイズのミニカードの作成を提案しています。そのほうが安く、早く、上手につくることができ、近場を中心に配るため、確実な結果が期待できるからです。ただし、配布枚数が限られるため、新聞折込のように急激に売上が伸びるということはありません。

具体的には、財布に入るサイズでつくって配布していくのですが、カードの特典として、競合の少ない地域では料金の割引、競合の激しい地域では看板メニューにマッチした裏メニューをサービスで提供します。たとえば、「まかないポテト」や「世界最強のシーフードサラダハーフ」など、なじみのある料理に少し変化を加えたカード用のオリジナルメニューを特典にします。

▼内容は盛りだくさんでもメリハリを

カードのデザインは、カラーで二つ折りにすることをおすすめしています。情報量が多く、開いたときに面白味を感じさせるからです。

内容としては、①看板メニューの写真・名前・価格、②看板メニューのこだわり、③看板メニュー、もしくは店舗の由緒由縁や誕生物語、④オーナーのイラストと心意気、⑤通のおいしい食べ方、⑥主要7品のメニュー、⑦地図、住所、電話番号、営業時間、定休日、⑧来店特典、⑨営業中をイメージできる店内の満席時の写真、の九つを埋め込んでいきます。

均等に埋め込むとインパクトに欠けるものになるため、看板メニューの写真・名前・価格、店舗の住所・地図を大きく配置し、その他のものは小さな字で入れていきます。最初は2000枚印刷し、配布状況により1回の印刷枚数を5000枚まで変えていきます。このカードを、従業員の知り合い→自店周辺の店舗・住宅→来店したお客様（2週間限定）の順番で配っていきます。

来店客に配布することからスタートすると、スタッフが甘えて失敗します。それぞれの段階で何枚配るかをあらかじめ決めておきましょう。

あんぱんをメインにしたパン店のミニカード

創業明治13年　戦火も地震も乗り越えた『木村家あんぱん』
は～い！「あんぱんな幸福を」　佐橋　陽子が焼きたてでお運びいたしま～す!!
築地　木村家の名物　けしあんぱんがあなたの街でも買えるようになりました。あんぱん小町がお届けします。
アンコボリュームNo.1！
ついてる！あなただけに
あんぱんな幸福
5％引きカード
このカードは木村家が続く限り未来永劫有効なので大切にしてください。（移動販売のみ有効）
あんぱんな幸福カード（コレ）をお持ちください。5%割引いたします
★当店人気No.1★
けしあんぱん　140円
築地木村家のあんぱんはビールホップをあえて使っており、それで皮が軽くサクッとした食感を得られる飽きのこない味になります。さらにその強みを強調しようと「けしの実」を使い香ばしく仕上げました。もちろん餡は北海道十勝産の小豆と甘さがやさしい三温糖主に使用し、だれでもおいしく食べられる味になっております。
あんぱんへの思い
あんぱんで一期一会！
4代目　宗元　内田　秀司
木村家ペストリーショップ
〒104-0045
東京都中央区築地2-10-9
Tel:03-3541-6885
Fax:03-3542-9352
営業時間:7:00～20:00（平日）
7:00～17:00（土曜）
休業日：日曜・祝日
築地場外市場内にも別にお店があります
築地さしすせそ　さかな　しおもの　すし　せり　そうはいっても　かのゆうめいな　きむらやの　くりあんぱん　けしあんぱん　こしあんたっぷり

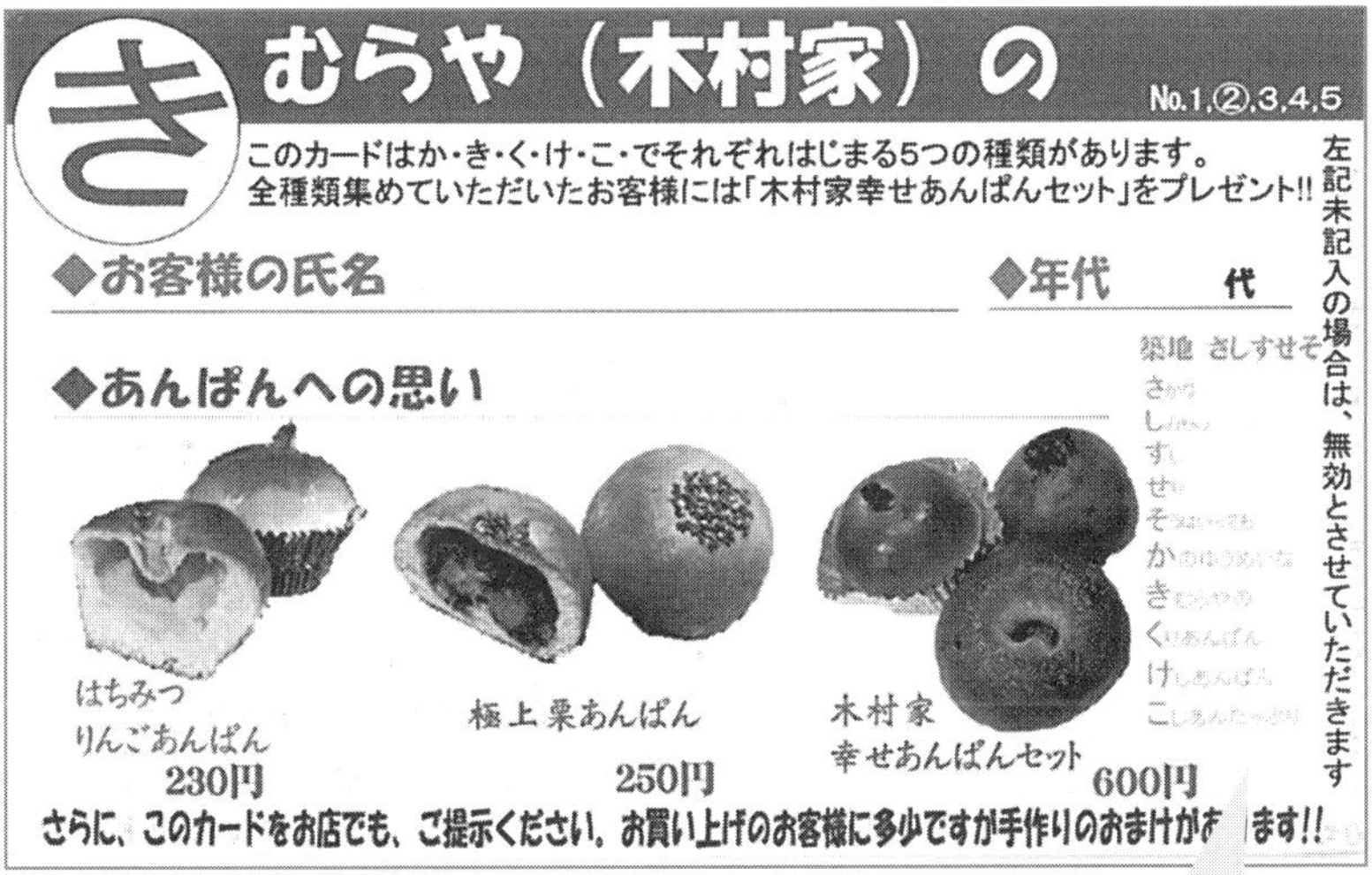
きむらや（木村家）の
No.1,②,3,4,5
このカードはか・き・く・け・こ・でそれぞれはじまる5つの種類があります。
全種類集めていただいたお客様には「木村家幸せあんぱんセット」をプレゼント!!
◆お客様の氏名
◆年代　代
◆あんぱんへの思い
左記未記入の場合は、無効とさせていただきます
築地　さしすせそ
さかな
しおもの
すし
せり
そうはいっても
かのゆうめいな
きむらやの
くりあんぱん
けしあんぱん
こしあんたっぷり
はちみつりんごあんぱん　230円
極上栗あんぱん　250円
木村家幸せあんぱんセット　600円
さらに、このカードをお店でも、ご提示ください。お買い上げのお客様に多少ですが手作りのおまけがあ　ます!!

「築地さしすせそ、きむらやかきくけこ」という語呂合わせをつくり、販促カード化しました。かきくけこで5種類のカードがあり、揃えるとさらに特典がある仕掛けです。二つ折りカードの事例は、17ページ、195ページにもあります。

チラシ作成の仕組みを知ろう

▼納得できる業者を探すこと

チラシ製作を外部に発注する際の段取りについて、実際に私が行なっているやり方で説明しましょう。

①印刷業者を探し、その会社で過去につくったチラシを見せてもらう。②その会社に、イラストを描ける人がいるか確認する。③価格表をもらい、印刷料金だけでなく、写真の画像処理代や送料、それに支払時期の確認をする。この三つを、業者を決める前段階で行ないます。当たり前のことですが、その際に最低2社から見積りを取るようにしてください。

そして、次の段取りは以下のようになります。

①期日に間に合うかどうか確認をして、3回校正をするスケジュールで工程表を送ってもらう。②手書きで方眼紙に原稿を書き、参考になるチラシや雑誌の切り抜きを用意して打ち合わせを行なう。③打ち合わせ内容に合わせた仮見積書をもらう。④初校原稿をPDFファイルで送ってもらう。⑤大幅なレイアウト変更が必要なら電話とFAXで、少なければパワーポイントに原稿を貼り付け、テキストボックスで修正箇所の指示を出す。⑥新聞折込チラシなら費用対効果の高いB4サイズ、あるいはB4でも一回り大きいD版を使用する。また、カラーチラシで縁に余白がある場合は小さく見えるため、縁をカットしてもらう。

▼ある程度任せたほうが良いものができる

また、印刷業者とのやり取りでは次の三つを心がけています。①製作段階では、営業ではなく製作スタッフと直接話す。②製作スタッフが自己表現できるよう、ある程度デザインについては任せる。③同じ製作スタッフを指名し、完成後は、満足できた点について具体的に挙げて、お礼の電話をする。

私は、インパクトのある当たるチラシをつくることについてはプロですが、気持ちよく見せるデザインについては、製作の方がプロです。また、原稿内容が多すぎて入りきらない場合などにも助けてもらえます。こちらがすべて決めるのではなく、製作サイドの発想やテクニックを活かしたほうが良いものがつくれるのです。

プロの力を借りて当たるチラシをつくろう

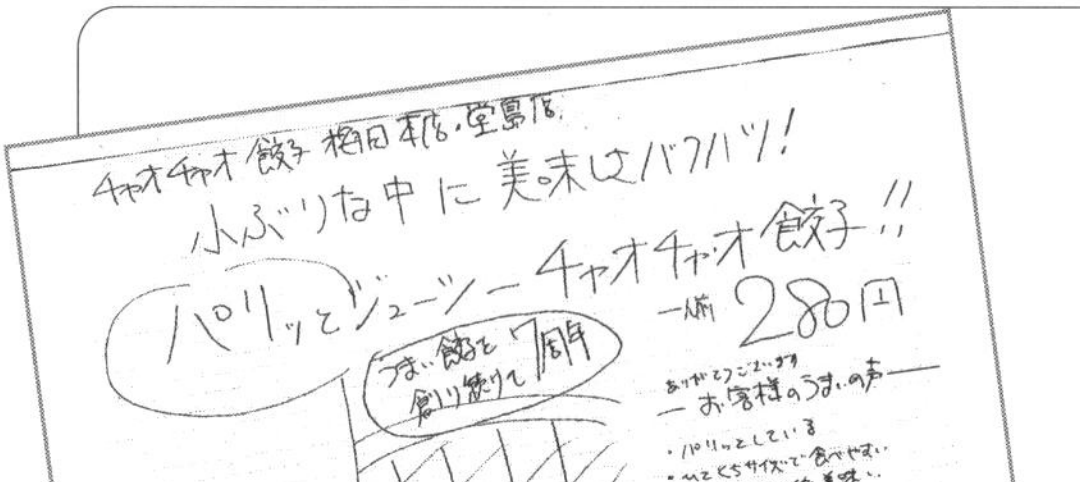

著者の汚い原稿がプロの手にかかるとこのように変身します。

トークポスティングに挑戦しよう

▼顔見知りになるまで続けてみる

私は、新聞折込等の大規模販促をする前に「トークポスティング」というものを行なっています。チラシを持って一軒一軒、会社や家を個別訪問していくのです。それも、同じお客様を最低3回は訪問し、その方と顔見知りになるところまで続けます。

その高い反響率によって売上がアップすることはもちろん、お客様から生の声を聞くことができます。たとえば、「おたくの店の駐車場は入りにくい」、「子供の料理が後から来たけど、先に持ってきて欲しい」、「ちょうど、宴会の店を考えていたところだったんだ」、「他の店は、10月には忘年会の営業に来ているよ」といったように、多くの情報や要望を聞くことができます。

▼「さらっと真剣」でお客様をつかめ

トークポスティングのポイントは、あくまで店舗のご紹介というスタンスで実施するということです。訪問販売のように、購入を強く求める必要はないのです。「さらっと真剣」はかっこよく、来店率がアップしますが、「ねちっと深刻」は客離れを起こします。

初回は、店舗の存在を知っているかどうか、2回目以降は、①新メニューの案内、②宴会メニューの案内、③新店長のあいさつ、④宴会で来店してくれた方への結果ヒアリングなどで訪問します。売り込み色がないため、お客様は話を聞いてくれます。1日6時間配って、住宅なら250軒、会社の場合は150社訪問できます。

トークポスティングの反響率は、初回で5%前後なので、1日当たり、住宅で12組、会社で7社の来店を見込むことができます。

大切なことは、押し売りするのではなく、会話をすることです。たとえば「高いでしょう」といわれたら、「どのへんでそう感じるのか」、「忙しい」には「また来てもいいか」と質問して親しくなっていきます。

実施した店のほとんどで、売上は前年同月比で120%前後までアップしています。また、宴会のPRを300社に行ない、昨対比で300万円、宴会売上がアップした事例もあります。

トークポスティング三つのステップ

トークポスティングは反応のいいところだけを3回以上訪問する。そこがドアコールとの違い

お客様との関係＝浅い

自分のことばかり話さず、お客様の話を聞くための質問をして、会話をしていくのがポイント

客「お宅高いでしょ」
⬇
×「そんなことないですよ」
○「どのへんでそう感じられたのですか」

1回目訪問　**「ごあいさつ」**

お店の名前・場所・看板メニューを覚えてもらう
配布者の顔を覚えてもらう

2回目訪問　**「新メニューご案内」**

自店の（看板メニュー含む）説明が
ていねいにできるようになる
何かの折に来店してくれるようになる

3回目訪問　**「イベントご案内」**

来店時の本音をぽろっといってくれる
他のお客様に紹介してくれるようになる

お客様との関係＝深い

お客様から話を引き出すのがポイントです。
門前払いをくうのは100件に1～2件で、
それよりも好意的な言葉に元気をもらうことができます。

トークポスティングの話法と注意点

▼トークポスティングのポイント

トークポスティングを行なう際には、いくつかの注意点があります。ここではそのポイントを三つ挙げておきます。

①初回は自店を知っているかを尋ね、2回目以降は新しい情報を伝え、最低3回は訪問する。②話を聞いてくれる方には、看板メニューの価値をひたすら伝える。③お客様のいっていることを「正しい・間違っている」で判断せず、お客様がそう話す背景を理解する。

①については、前項で述べた通りです。②については、看板メニューの「四つの価値」を強調し、他店にはないすぐれたものなので、食べてみて欲しいと伝えます。③は、たとえば「あなたの店は高いよ！」といきなりお客様からいわれた場合を考えてみて欲しいのですが、その言葉が間違っているかどうかで話を聞くのではなく、どうして高いといっているのかを理解しようとすることです。何を食べたのかを聞くのはもちろんですが、「他店のメニューと比べて高いのか？」、「まずいから高いのか？」と考えながら質問をしていきます。そして「お客様は、〇〇という理由で高いといわれているのですね」と確認した上できちんと主張すれば、むしろ親しくなるチャンスとなります。

▼こんなトークで引きつけよう

具体的にどう話すかですが、「〇〇駅前の居酒屋魚丸の店長宮内と申します」、「来週の木曜日から新メニューになりますので、今日はそのご案内をお持ちしました」、「来週からあんこうのメニューが入りますので、ぜひご来店ください」、「当店に来店されたことはありますか？」、（あれば）「ぜひご感想をお知らせください」、（なければ）「場所はご存じですか？　うちの看板メニューの刺身7種盛りは今朝水揚げされたものですから新鮮そのものです。ぜひご賞味ください」、「今後とも、魚丸をよろしくお願いします」と伝えます。

もし、お客様に「今忙しい」といわれたら、一方的に自分の話をするのではなく、「また来ます」といって、ポストにチラシを入れる程度にしておきます。

保存性の高いトークポスティング用の手渡しチラシ

表に看板メニュー、裏に店のある築地の地図をつけ保存してもらえるように考えてつくったチラシです。これは当たりました。

当たる新聞折込、五つのポイント

▼折込効果を高めるために

現在のところ、対新規客には新聞折込チラシが費用対効果が高い販促です。ここでは、どうすれば有効に新聞折込を活用できるかという視点で見ていきましょう。

①年2回を基本にして、最高でも4回までとする

チラシ企画には、年1回の創業祭で「全額（半額）金券返しセール」、ビール会社に協賛してもらい、ビールを半額か中生を100円で提供する「生ビール祭」などが考えられます。ビールを飲めないお客様もいるため、食材卸にも協賛してもらい、女性・子供へのデザートサービスや、レジ前に山積みにされた缶ビールの本数を当てたら抽選で1名様にプレゼントなど、五つ程度の特典を用意し、楽しみがいろいろあることで差別化します。

また、グランドメニューの変更に絡めて「新メニューのご試食フェア」も考えられます。この場合は、あらかじめ自信のあるメニューをピックアップして、それを制覇した方に特典をつけるという内容です。

さらに、ブランドものの食材を使用したフェアである「確保しました！　大間のマグロ祭」などが過去に当たっています。これは、高価でなかなか食べられないものを少量・低価格で提供するというものです。

②半額金券返し等の期間は5日以内に

有効期間を1ヶ月以上とっている店がありますが、それでは日常化してしまい、むしろ店の価値を落とすため、5日までとします。

③折込枚数は自店所在地の営業所エリア以外は、折込部数表の9掛けにする（折込部数表の営業所別枚数は、実際より多めに公表されているため）。また、併読されている可能性の高い新聞には折り込まないようにする。

④販促イベントは繁忙日の前日から実施するようにし、折込日はその当日とする。

⑤チラシの折の部分（チラシを束ねる紙）に使ってもらえる硬めの紙（クラフト紙、色ザラ紙、90キロ以上のコート紙）を使用し、折込センターの営業マンに折にしてもらえるように依頼する。

以上のポイントを押さえてチャレンジしましょう。

一味違う特典やイベントで差別化を

集客看板メニューである餃子のブラッシュアップと宴会を伝えるチラシ。少し苦労しないと獲得できない特典で、他店の割引一辺倒のチラシと差別化。

毎年イベントとして行なっている「ビール祭り」。期間中の売上は150%までアップしています。

再来店を促すカスタマイズカードを仕掛けよう

▼成功すれば毎月来店してもらえる

「3回安定」という言葉があるように、半年以内に3回以上来店してくれれば、お客様はなじみの店として使ってくれるようになります。割引等を載せたチラシで1回は来店させられますが、実はここからがポイントです。1回来て終わりにならないように、工夫をこらした販促ツールを来店客にお渡しするのです。

ただ、割引の連続では安売り店になってしまいます。そこで、看板メニューの通の食べ方ができるように「カスタマイズカード」を配るのです。

カスタマイズカードでは、看板メニューの裏アレンジを教えることで新たな楽しみをつくります。常連さんの食べ方を中心にして、従業員が考えた食べ方も書いたカードで、1カスタマイズにつき1枚のチケットとし、これを束ねて定期券サイズの回数券にしていきます。

毎月1枚使えるようになっていて、うまくいけば年12回来店していただける内容になっています。これによって、看板メニューの未知なる味が楽しめるというわけです。写真は韓国風鉄板鍋が看板メニューの店のカスタマイズカードですが、丸腸を入れることにより丸腸そのものの食感はもちろん、スープが濃厚になりとてもおいしくなります。通常は、お金をいただく追加メニューですが、このカードで1皿サービスします。その味が気に入れば今後は追加注文していただくことになり、単価アップにつながるというわけです。

▼看板メニューを軸に工夫すること

この12ヶ月分をどうやって埋めるかですが、①看板メニューの食べ方のアレンジを紹介する、②看板メニューと食べ合わせの良い商品を考える、③季節との関連づけ（たとえば夏の場合は、ビールと看板メニューを組み合わせる）を行なう、というように考えていきましょう。

ただ、これはあくまでツールにすぎません。きちんとした商品がスピーディーに提供され、スタッフがフレンドリーでくつろげ、店が清潔で、最後に外までお見送りをしてくれた。こんないい店が近所にあったんだ、と思ってもらえて、初めて効果が倍増するカードです。

カスタマイズカードで常連客化を図ろう

カスタマイズカードで看板メニューの奥の深さを伝えていきます。

▲上の表紙を開くとこうなっている

粗利の3％以内の販促費で年間計画を立てよう

▼粗利を目安にして費用を考えよう

飲食店で上手に販促をしていくためには、販促費を粗利の5％以内に収めることが一つのポイントといわれています。しかし看板メニューがあれば、3％で十分です。

売上の何％と見たほうがわかりやすいのですが、業種により粗利率が異なるため、粗利を目安にします。そして粗利中心に考えることで利益を残す体質になります。

仮に年商1億円、原価率30％の中華料理店であれば、年間販促費は210万円（粗利7000万円×3％）が目安となります。販促費に入るものは、メニュー表、チラシ類、ショップカード、雑誌・フリーペーパーなどの広告宣伝費、割引で発生した原価となります。年間の概算例は以下の通りです。

グランドメニュー変更（1回）	30万円
差込メニュー変更（6回）	30万円
新聞折込（3万枚×2回）	50万円
宴会パンフ（2000枚×2回）	20万円
フリーペーパー（3回）	24万円
ショップカード（1万枚）	10万円
店頭のぼり（10本×4回）	12万円
カスタマイズカード、その他DM等	30万円

これらのトータルで約206万円になります。

▼工夫によってはもっと節減できる

ここに挙げた例は、すべてプロにつくってもらった場合の上限金額です。

私のお付き合い先の多くは、グランドメニューはラミネートするものではなく差し替えがきくものを採用し、自社のプリンターで出力したものをそこに差し込んでいます。

また、メニュー写真も外部に依頼せず、自分たちで撮影するようにしています。同様に差込メニューも自前で作成し、メニュー表関連の経費は年間20万円程度に収めています。

ただし、新規客を呼び込む必要がある新聞折込チラシと宴会パンフは、イラストが描ける方がいる印刷会社に外注するのがベターです。

商品そのものを販促することが大切

販促は店舗・接客と同様に大切な要素。これを行なわないと機会ロスを生んでしまいます。

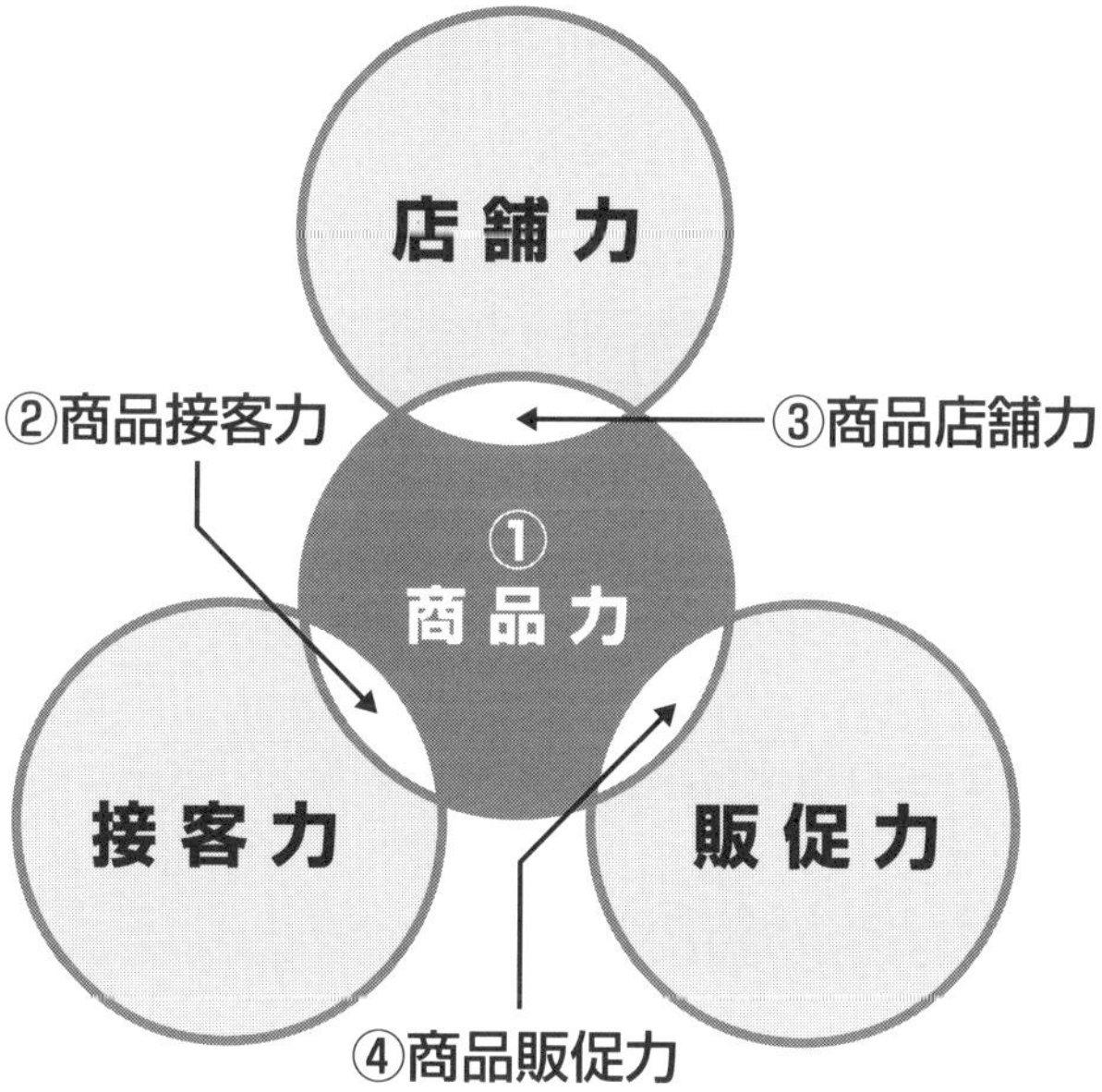
店舗力
②商品接客力
③商品店舗力
①
商品力
接客力
販促力
④商品販促力

中心に商品があり、その周りに店舗・接客・サービスがあると考えます。お客様は商品にお金を払うからです。販促は、黙っていては伝わらないことを伝えるツールで、どんな媒体であれ、④の商品販促に力を入れてつくる必要があります。店全体のイメージを伝えるだけのチラシなどは、ほとんど当たることはありません。

01　集客看板メニューの次は儲け看板メニューを

02　儲け看板メニューは必ずグランドメニューに掲載

03　グランドメニューをどうつくるか

04　「集客」は26%、「儲け」は14%のアイテムを

05　集客と儲け、どちらが本当の看板メニューか

06　グランドメニュー変更時の五つの留意点

07　ファースト・追加・ラストのメニューを決めよう

08　カテゴリー担当制でスタッフを専門家に育てよう

09　調理場も部門別に競争させよう

10　アルバイト教育は評価制度で仕組み化しよう

8章

儲け看板メニューを育てて確実に儲けよう

集客看板メニューの次は儲け看板メニューを

▼最初は高単価高粗利の1品を

集客看板メニューは、どうしても粗利率が低く低単価のものになりがちです。それによって客数は増え、繁盛しているように見えますが、実際はそれほど儲かりません。そこで儲けを出すために、高粗利率かつ高単価の商品で、売上金額でも上位に位置している1品を選び、儲け看板メニューとして育てていきます。

集客看板メニューの売上構成比が7％であれば、儲け看板メニュー（ライン）は、シェア原則により一つ上のシェアである11％以上の獲得を目指します。集客看板メニューを意識的にＰＲして売る経験を積み、多くのお客様と接してきたのであれば、儲け看板メニューについてもそれを軌道に乗せるのはそれほど難しくありません。

ところで、フルコースを基本にして日本に参入したフランス料理よりも、パスタ1品から気軽に食べられる業態から参入したイタリア料理が結果的にマーケットを大きくしました。イタリア料理は、５００円のパスタから3万円のコースまで多くのメニューを持っています。つまり、安価なメニューから高価なメニューへのシフトのほうが比較的容易なのです。

▼粗利ミックスという考え方

集客看板メニューに加え、よりシェアの高い儲け看板メニューが出てくることで、粗利ミックスという考え方が成り立ちます。

つまり、すべて同じ粗利率で売るのではなく、低単価なものの中には低粗利率の商品を多くし、逆に高単価なものは高粗利のものを多くして、全体で設定粗利率に近くなるようにするのです。これにより、均一な粗利率の店より、安さ感と本物感の両方が強調できます。

成熟している業態であれば、その逆も成り立ちます。つまり、高単価のものを低粗利で集客看板メニューとし、逆に低単価で高粗利のメニューを追加売りしていく戦略をとるのです。私のお付き合い先では、原価率50％の高単価・低粗利の刺身の盛合せを集客看板メニューとし、比較的低単価の儲け看板メニューを、原価率20％前後の焼鳥に設定しているところがあります。

メニューマトリックスで粗利を確保する

▼メニューマトリックス表

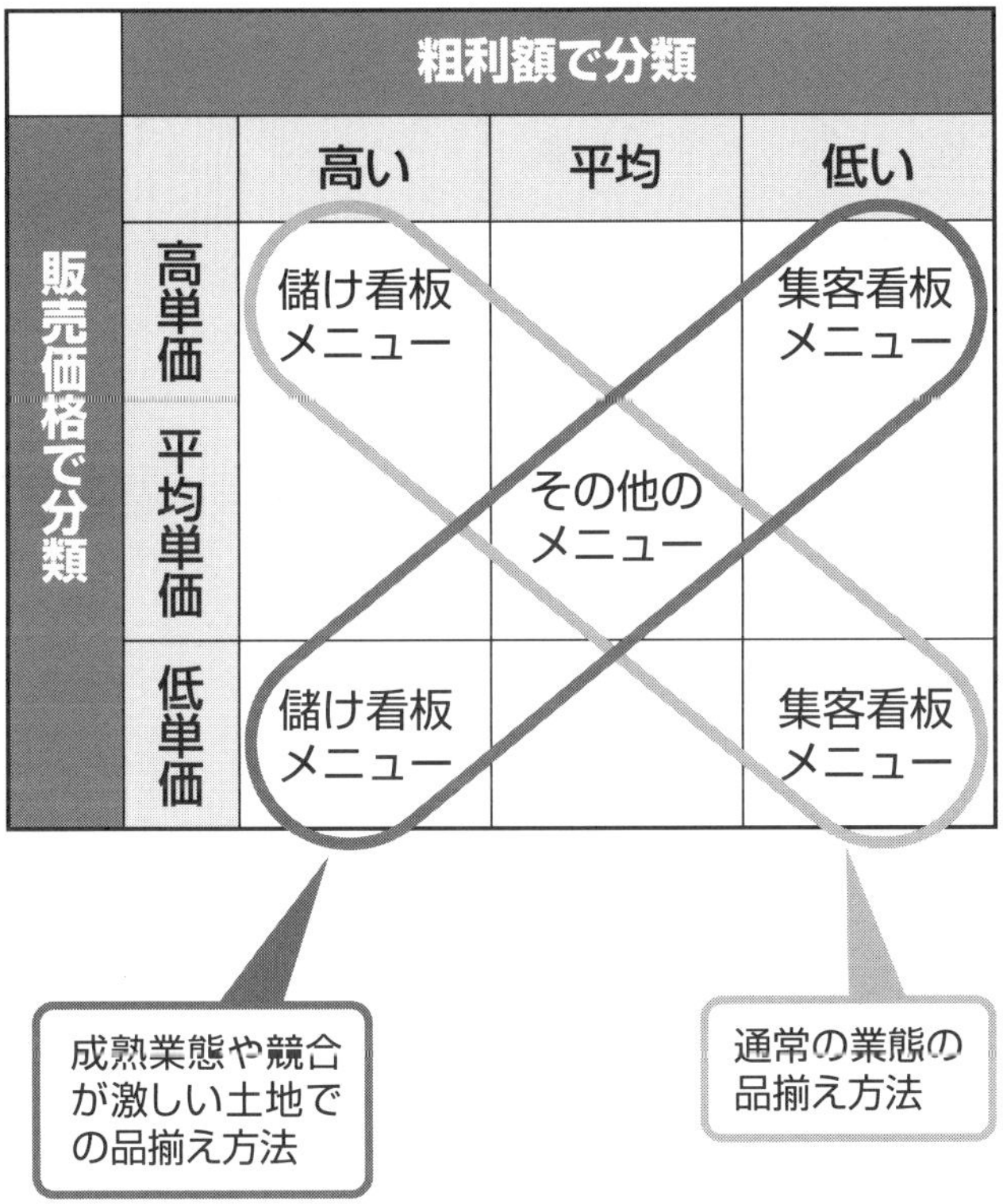
粗利額で分類
販売価格で分類
高い
平均
低い
高単価
平均単価
低単価
儲け看板メニュー
集客看板メニュー
その他のメニュー
儲け看板メニュー
集客看板メニュー
成熟業態や競合が激しい土地での品揃え方法
通常の業態の品揃え方法

単価と粗利の関係を分類すると上記のようになります。忘れてならないのは、儲け看板メニューがあるから、より強力な集客看板メニューをつくることができるということです。

儲け看板メニューは必ずグランドメニューに掲載

▼看板メニューであることをはっきり知らせる

儲け看板メニューを売り出す場合には、集客看板メニューのように差込メニューを利用するのもいいのですが、グランドメニュー表の変更にもからめたいものです。変更にコストはかかりますが、グランドメニューほど、何が看板メニューかをはっきりお客様に知らせることができるものはないからです。

初めてつくり替えるときは、そのPR方法や看板メニューグループのメニュー数の検討などで時間がかかりますが、いったん完成してしまえば、その後はメニューの入替えと目先のデザインを変えるだけなので、作業はとても楽になります。

▼グランドメニューも定期的にリニューアルを

数年間、グランドメニューを変えていない店もありますが、年に2～4回ミニリニューアルすることが売上に直結していきます。お客様は、日常であれ〝ハレ〟を感じたくて飲食店に来ます。このため、何年もグランドメニューが同じというのでは、ワクワク感がなくなってしまいます。

また、グランドメニューはあまり見られないからと、差込メニューを3～4枚置いている店があります。しかし差込メニューがたくさんあると、何が店の看板メニューなのかわかりません。このため、差込メニューは看板メニューと旬のメニュー紹介を兼ねた1枚だけにしてください。

何年も前につくったメニュー表を使用し、なくなったメニューの上にテープを張っている店もたまにありますが、売上アップという点からは致命的です。不良在庫を売場に置いてあるのと同じだからです。

なお、グランドメニューは毎日アルコールできれいに拭いて、清潔を保つようにしてください。また同様にお客様が触るもの（カスターセット、入口のガラス戸、レジ周り、テーブル、トイレなど）が汚れている店は、料理がおいしくても食材の鮮度感を低下させてしまいます。このため、必ず毎日洗浄・掃除をするようにしてください。

グランドメニュー表の工夫

③ ② ①

④

上は3面の観音開きメニューで、③を内折にして閉じると、④のような寿司専門店のメニューになるように工夫しています。この店は商圏人口が少なく、寿司専門店では利益確保が難しいため、専門性のある総合居酒屋としての品揃えをしているのです。

グランドメニューをどうつくるか

▼パワーポイントでつくっても大丈夫

グランドメニューのつくり方ですが、まずその形態について説明していきます。

つくり替えやすく、看板メニューが集中しやすいものにするために、見開きの差込式メニューを採用します。たとえば、観音開きのものの場合、全部で6面あり、データ作成をデザイン会社に依頼しても、1ページ3万円としても18万円でき、ケースそのものは1部3000円程度なので、30組つくるとすると1部当たり1万円あれば十分です（ただし、カメラマンはあなたです）。

なお、自分でデザインする場合には、プレゼンテーション用ソフトの「パワーポイント」を使えば十分でしょう。ワープロソフトの「ワード」よりも、感覚的に文字・写真・イラストのレイアウトができるのでおすすめです。

また、デザイン会社につくってもらったものを、リニューアル時にパワーポイントでつくり直して内容を差し替え、それを使っている店もあります。

▼五つの作成ポイント

看板メニューにオーダーを集中させる、グランドメニューの作成ポイントは、左記の五つです。

①1ページ当たりの大きさをB4かA4サイズにして、表裏それぞれ3面～4面の見開きの形で作成する
②横書きなら左上、縦書きなら右上に名物メニューというカテゴリーを設けて、看板メニューの写真を入れる
③写真に迫力を出すため、商品全体を写すのではなく、一部をアップしたアングルで掲載する
④看板メニュー、おすすめメニューは字体を大きくして、かつ暖色系の色を使って目立つようにする
⑤看板メニューには、そのメニューが誕生したエピソード、お客様の視点からの価値（おいしい、体に良い、食べやすい）を述べ、おいしい食べ方を紹介する

なお、見開きタイプにしても客単価アップができず、メニュー表づくりに苦戦している店もありますが、その原因はメニュー表ではなく、看板メニューが確立していないことにあることがほとんどです。

品揃え感のあるメニュー表の例

カテゴリーごとに枠でくくった観音開きのメニューを見かけますが、ひと目見たときの品揃え感がなくなるため、このメニューのように、くくらないほうがいいでしょう。

「集客」は26%、「儲け」は14%のアイテムを

▼アイテム数が豊富なメニュー表に

集客看板メニューと儲け看板メニューが所属するカテゴリーのアイテム数を、全フードメニューに対して集客看板メニューカテゴリーは26%、儲け看板メニューカテゴリーは14%とし、看板メニュー部門全体で40%以上にします。

看板メニューを目立たせる工夫をしても、それだけでは「店主が勝手にいっているだけだろう」と、裏づけに乏しいメニュー表になってしまいます。そこで、お客様がメニュー表を一目見たとき、専門店に来ているという気持ちになれるよう、アイテム数を豊富に表現します。

看板メニューラインは、3~7アイテム品揃えします。3アイテムの3は、一つ選んでも二つ残るという多様性が表現できる最小数で、7は、一目では数を把握できずに「たくさんある」と感じられる数です。

たとえば、食事メニューが100アイテムある居酒屋で、集客看板メニューが刺身盛合せ（集客看板メニューが所属するカテゴリーは刺身）で、儲け看板メニューがつくね（儲け看板メニューが所属するカテゴリーは焼鳥）であれば、①集客看板メニューである刺身盛合せを3アイテム。刺身カテゴリーを100×26%−3＝23アイテム、②儲け看板メニューであるつくねを3アイテム、焼鳥カテゴリーを100×19%−3＝16アイテム品揃えする必要があります。ただし、ラーメン店の場合は、集客・儲け看板メニューが属するカテゴリーの合計で最低40%は持つのですが、その割り振りは臨機応変に変えます。それは、1品しかない餃子が集客看板メニューになる可能性が高いからです。

▼「大盛」も1アイテムになる

また、ラーメンについては味のバリエーションを8~6種類持つということではなく、大盛やチャーシュー入りなどのアレンジで増やしていきます。つまり、メニュー表の最後に「大盛もできます」と表現するのではなく、「熟成みそラーメン　大盛」というように、お客様が「これちょうだい」と指をさして注文できるようにし、品揃えを多く見せていくのです。

看板メニューが属するカテゴリーの必要メニュー数

全フード メニュー数	集客看板 メニュー トップシェア 26%	儲け看板 メニュー 繁盛シェア 14%	全フード メニュー数	集客看板 メニュー トップシェア 26%	儲け看板 メニュー 繁盛シェア 14%
5	1	1	80	21	11
10	3	1	85	22	12
15	4	2	90	23	13
20	5	3	95	25	13
25	7	4	100	26	14
30	8	4	105	27	15
35	9	5	110	29	15
40	10	6	115	30	16
45	12	6	120	31	17
50	13	7	125	33	18
55	14	8	130	34	18
60	16	8	135	35	19
65	17	9	140	36	20
70	18	10	145	38	20
75	20	11	150	39	21

集客と儲け、どちらが本当の看板メニューか

▼原則は集客看板メニュー

集客看板メニューと儲け看板メニューでは、当初は集客看板メニューが本当の看板メニューになります。集客看板メニューの出数を増やすことができないうちに、儲け看板メニューをつくることはできないからです。

単品専門店であれば、集客看板メニューに取り組んでいるうちに繁盛店になり、集客看板メニューと同ラインの上グレードメニューが粗利率が高ければ、儲け看板メニューになる場合もあります。

▼どちらを目立たせるか

ここで、二つの看板メニューの関係を4パターンに分け、具体例で見ていきましょう。

①二つの看板メニューが同じ単品ラインの場合……集客メニューが坦々麺で、儲けメニューが極上坦々麺の場合は、ひとくくりにできるため問題はありません。メニュー表では坦々麺のほうを大きく目立つようにします。

②二つの看板メニューが同じカテゴリーだが異なる単品ラインの場合……集客看板メニューが醤油ラーメンで、儲け看板メニューが坦々麺であれば、集客看板メニューを本当の看板メニューとします。

③二つの看板メニューがまったく異なり、同時に注文できる場合……集客看板メニューが餃子で、儲け看板メニューが坦々麺の場合、その業態のメインの商品を本当の看板メニューとします。この場合は坦々麺です。

④集客看板メニューと儲け看板メニューが同一である場合……坦々麺が両方の看板メニューであれば、極上坦々麺を投入しますが、あくまで看板メニューは普通の坦々麺とします。また、坦々麺とセット販売できる商品を準主力カテゴリー及び単品ラインとします。この場合、餃子1人前、1・5人前、3人前の3種類か、焼餃子1人前、1・5人前、水餃子1人前などが考えられます。

また、たとえば焼鳥店で、つくねが集客看板メニューで地鶏のネギマが儲け看板メニューなら、つくねを看板メニューとして強化していきます（②のケース）。つくねが集客看板メニューで鳥釜飯が儲け看板メニューなら、つくねを看板メニューとします（③のケース）。

儲け看板メニューのラーメンで圧倒するグランドメニュー表

グランドメニュー変更時の五つの留意点

▼お客様に安心感を与えながら差別化を

グランドメニュー表をつくり替える上で気をつけることは、以下の5点です。

①カテゴリー内の商品は、価格順に並べない……価格順に並べると、安いメニューしか出なくなります。

②写真掲載の基準をつくる……客単価1000円以内の店はメニュー写真を多く入れたほうがいいでしょう。1000円以内のものは、その通りの盛り付けと分量で出てくるという安心感をお客様に与える必要があるからです。1000円以上のものについては、料理を出したときに「ハレのびっくり感」が必要なため、すべての写真は載せないほうがいいでしょう。

③集客看板メニューグループの部門を最初に配置し、後は食べる順番にカテゴリーを並べていく……食べる順番とは、前菜、サラダ、スープ、メイン、ごはん、デザートという順のことです。たとえば海鮮居酒屋では、看板メニューグループ、刺身、海鮮焼物、お手軽、サラダ、揚げ物、〆の飯、デザートの順で、イタリアンでは、看板メニューグループ、前菜、サラダ、スープ、パスタ、ピザ、メイン、パン、デザートという順番になります。本格的な並びにこだわらず、注文しやすいように並べ替えたほうがお客様も安心できます。

④メニュー変更を3週間前からレジ前で予告する……いつ行っても新しいことをやっているという店の印象づけになります。コストもかからないため、ぜひ実行しましょう。ただし、3週間以上前に告知すると、早すぎて実感が湧かないことに気をつけます。

⑤どこよりも早くグランドメニューを変える……年4回グランドメニューを変更することができるのであれば、地域により季節差がありますが、春メニューは3月中旬から、夏メニューは6月初旬から、秋メニューは8月下旬から、冬メニューは11月初旬から変更していきます。他店より早くすることによっても、いつ行っても新しい店であるという印象を与えることができます。店の飾りつけも、これに連動させて行ないます。なお年2回の場合は、春と秋に変更を行ないます。

看板メニューが一目でわかるグランドメニュー表

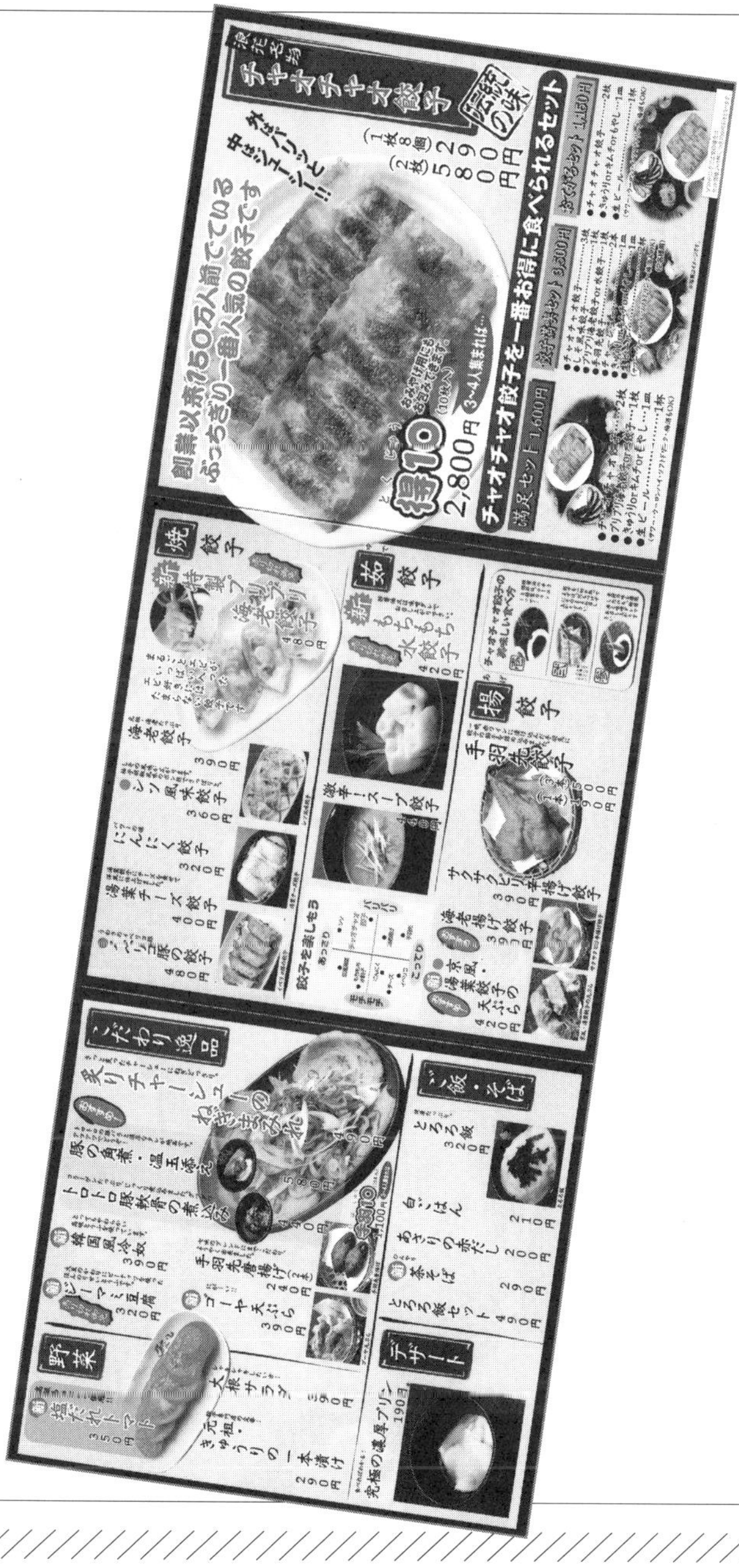

ファースト・追加・ラストのメニューを決めよう

▼追加・ラストのおすすめも大切

看板メニューのおすすめはするが、それはそれで終わりと考えるのでは発展がなく、マンネリ化してしまいます。ファーストオーダーでのおすすめを活かして、追加オーダーではドリンクを、ラストではごはんものやデザートをおすすめしたいものです。これをするだけで、売上は5～20％アップしていきます。

おすすめするとき、同時にいろいろなものを紹介しようとするスタッフがいますが、これはかえってお客様を混乱させます。まず、それぞれのシーンで1品をおすすめして、メニューにこだわる店だという印象づけを行ない、話に乗ってきたお客様には他にもこんなおすすめがありますと説明すれば、注文率が高まります。

▼ミニメニュー表も有効

もしそれが難しいのであれば、デザートならデザートだけのB5サイズのミニメニュー表をつくります。これはデザートの看板メニューを決め、そこに大きな写真を入れたものです。そして、この追加・ラストのおすすめメニューは、看板メニュー同様、月間累計グラフをつくって積極的に売っていくように仕掛けていきます。

また、看板メニュー以外に全体の売上構成比7％以上をとっているメニューがなければ、伸ばしたいメニューでグループをつくり、積極的に売る必要があります。

私のコンサルタント先の居酒屋では、おにぎりメニューを20種類つくって、「今日はメに、どのおにぎりにしましょう？」とおすすめしているところがあります。おにぎりグループで、売上構成比7％獲得が目標です。

またドリンクでは、既製品のイメージが強いためか、意識的に看板メニューをつくっている店はなかなかありません。ドリンクでは、女性客をターゲットにフルーティーさを強調したものが成功しています。具体的には、果実酒の他、「グレープフルーツ生絞りサワー」やヨーグルトリキュールのヨギをヨーグルトに混ぜたものとフルーツリキュールと冷凍果肉と氷をミキサーにかけ、スムージー風のパフェにした「フルーツヨーグルトカクテル」などが成功しています。

何をいつおすすめするかを決める

メニュー構成タイプ別	前菜	スープ	サラダ	メイン	しめ	デザート	ドリンク
グレイジング型（例 焼鳥店）	①鶏のユッケ	②鶏スープ	③大根サラダ	④地鶏のねぎま 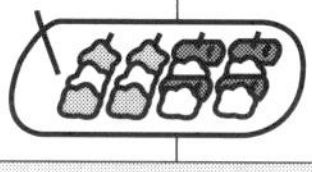	⑤五目釜飯	⑥苺パフェ	⑦生絞りサワー
単品定食型（例 とんかつ店）	定食カテゴリー					デザート	ドリンク
	 ①かつ鍋膳					②黒ゴマアイス	③生ビール 

繁盛店の一つの傾向に客単価の一致があります。その第一歩として、お客様の入店から退店まで何を注文してもらえばいいのかストーリーをつくってカテゴリー分けしていきましょう。

カテゴリー担当制でスタッフを専門家に育てよう

▼各人が専門家になろう

最近は、「きき酒師」や「野菜ソムリエ」など、専門家の資格が増えています。そこで自店でも、ホールスタッフをカテゴリーごとの担当者にして、その専門家に育てていくと、主体性を発揮するようになりサービス力が格段に高まります。

具体的には、主力・準主力カテゴリーの2種類ぐらいから始めます。たとえばイタリアンなら、パスタやピザを任せます。そして名札には「ピザ責任者」という肩書きを大きく入れて、お客様からもわかるようにします。

その担当者には、調理場スタッフに取材をさせて、朝礼で毎週5分間でそれを発表してもらい、ノートに記録し、ホールスタッフが共有化ができるようにします。

ピザソースは、ホールトマトの種を1個ずつ抜いたものを裏ごししてつくることや、なぜ中央に卵を置いたピザがビスマルクというのかを知るだけでも、ピザに対する見方が深くなります。深くなるということは、自信が芽生えるということです。さらに、調理場のスタッフだけでなく、社外からも情報を得るように促します。これを続けていくとスタッフに変化が起こり、きちんとおすすめして、売り切れるスタッフに成長します。

社外の情報源として考えられるのは、たとえばビール会社の営業マンです。自社のビールについての思いを15分間語ってもらい、さらに15分の質疑応答時間を設け、それを3回レベルを変えて行なうだけで、ビール会社の認定制度に参加する以上の結果が出てきます。

▼現場情報を得ることも大切

また、調理担当者とペアで仕入先に出向き、話を聞きに行くことも有効です。魚卸で話を聞くだけで旬の魚のことがわかり、おすすめに活かすことができます。誰でも真剣になって聞いてくる人には教えてあげたいと思うものだし、そこには本やインターネットでは得られない情報があります。現場情報こそが本当の情報です。

さらに、足を運んで情報を得ることで、たとえば足折れのカニが格安で仕入れられたり、同じ価格でもより高級なマグロが仕入れられることもあります。

「担当制」を導入して、スタッフに自信をつけさせる

調理場も部門別に競争させよう

▼調理場にも利益意識を

調理場スタッフは、環境的にどうしても売上や利益へ関心が薄いものです。それは、お客様とのお金のやりとりというリアルな部分を体感していないからです。

そこで、店長やフロント担当者が指示を出し、「○卓のご夫婦のお客様がピザがサクサクしていてとてもおいしいとおっしゃって、追加で違うピザが入りますのでよろしくお願いします」、「あと5万円で本日の目標を達成します」などと、調理場と店舗の状況を共有化していく必要があります。

▼競争意識を持たせるために

それができるようになったら、調理場で部門ごとにチームをつくり、部門での売上アップ競争させましょう。こうして売上の上げ方を店長が教えていくと、調理場でも売上への執着度が増していきます。

具体的には、次の2段階で進めていきます。

①まず最初の半年間は、部門ごとに出数が最も多いメニューを代表にして、その1品の出数の伸長度で優劣をつけます。スピード提供→提供時の盛り付けの改善→朝礼で各部門の代表がフロアスタッフに注文してもらうように社内営業→金一封で表彰、というプロセスです。

②半年ほど経ったら、部門ごとの売上伸長度で表彰を行ないます。ここでの部門とは、焼く、煮る、揚げる、茹でる、炒めるなど、調理の仕方による分け方を指します。

調理工程が複雑なために②ができない場合は、①を実施するだけでも調理場は変わってきます。ぜひ挑戦してください。

②の発展として、自店でレシピを考えている店は、その部門で社内コンテストを行なっていきます。

どんな店でも、自分の人件費の3倍の粗利を稼がなければ利益は出ません。これを労働分配率といいますが、調理場とホールの人数が同じであれば、調理場スタッフは、自分の給与の6倍の粗利額を上げる必要があります。給与の総支給額が30万円なら、30万円×６÷65％（粗利率）＝約２８０万円を調理する必要があるのです。

部門ごとに競争意識を持たせよう

Section 10

アルバイト教育は評価制度で仕組み化しよう

▼具体的な行動で評価すること

アルバイトの即戦力化と能力向上には、どの飲食店でもお悩みのことでしょうが、求められる能力は、①作業を基準通り、ミスなく早くする力、②お客様の要望に自主的に対応する力、③看板メニューを売り抜く力、④後輩を教育する力、の四つに集約されます。

この項目を評価し、教育にも活用できる評価制度があれば、能力は飛躍的に向上します。そのためには、すべて具体的な行動で評価することがポイントとなります。ただ、なかには店舗作業をすべて網羅する評価制度をつくってから実施しようとする方がいますが、その必要はありません。やりながら改善していけばいいのです。

ただ、抽象的な評価では、評価者の主観による不公平さを生み、評価後、改善のために何をすればいいのかがわかりません。このため、具体的な行動でポイントごとに評価していくのです。

毎月、あるいは最低3ヶ月に1回を評価対象月にして、「できている・できていない」の二者選択で、まず本人が自己評価していきます。その後、店長が評価を入れていき、お互いの評価が違うところについて話し合いをします。この話し合いによって情報共有ができ、かつ店長の視野も広くなり、店舗に良い影響を与えていきます。

そしてさらに、次回までに何をできるようになっているかを確認することで、個人目標を持たせます。

▼導入には事前の準備が必要

実際の運営で一番の問題となる点は、評価と時給との連動です。そこで次の準備を事前にしておきます。

①まず、「これができたら何点」とウエイトづけを行ない、項目別に点数をつける。②既存メンバーについて店長が点数をつけ、現在の時給を併記して、点数順に並べる。③はじめは5段階に分け、総合計点数の幅を②を見ながら決めていく。④評価項目を従業員に渡し、3ヶ月後に導入することになることを説明する。

このような手順を踏み、大幅に人件費がアップしたり、逆に従業員から不平不満が出ることがないよう、事前に手を打ち、時給を連動させていきます。

具体的行動で評価するシート

人事評価シート（ホール）

名前	

年　月　日～　月　日

				月　日			月　日		
A事項			期待水準	本人	店長	決定者	本人	店長	決
基本事項	1	店に合う服装（髪・爪・靴）をしている							
	2	接客8大用語の使用ができている							
	3	顧客思考宣言が言え、行動できる							
	4	お客様とすれ違うとき「こんばんは・こんにちは」と挨拶ができる							
	5	笑顔でお客様に接客できている							
	6	欠勤の時は代わりを頼みその結果を店長に報告している							
	7	遅刻する時は、電話を入れ何時になるか自分で考え店長に言える また遅刻欠勤があっても2ヶ月に1度である							
	8	自発的に店がよくなる意見を言い、できる範囲で行動する							
	9	メンバー、社員に自分から挨拶ができる							
	10	プラスシフト・マイナスシフトに協力的である							
	11	お客様に呼ばれた時大きな声で返事ができる 全てにスピーディーに動いている							
			合計点						

				月　日			月　日		
A事項			期待水準	本人	店長	決定者	本人	店長	決
御来店	11	お客様が来店したら、率先してお出迎えできる							
	12	入店状況に合わせた席案内ができる（満席率）							
	13	ウエイティング対応ができる 「一言がけ、目安時間、ウエイティングシート」							
	14	空席の把握、席割ができている							
御案内	15	お客様の歩くペースで席まで案内できる							
	16	子供などお客様の状態に合わせた席案内ができる							
	17	御案内直前でも、席のリセット状態を確認している							
	18	ご案内時大きな声で他のスタッフにテーブル番号と人数を言えている							
	19	適正な位置で待機ができている							
	20	「今晩は・こんにちは」と一言添えができている							
			合計点						

				月　日			月　日		
A事項			期待水準	本人	店長	決定者	本人	店長	決
顧客管理・対応	119	お帰りの際に、何か声をかけて、コミュニケーションが取れている							
	120	基本的に愛想がよい							
	121	いつでも、お客様と呼んでいる							
	122	10人以上のお客様を名前でお呼びする事ができる							
	123	20人以上のお客様の顔を覚え挨拶ができる							
	124	一人のお客様にビールのおしゃくができる							
	125	お客様に言われたことはすべて、店長に報告してい							
	126	帰られる時、必ず忘れ物確認をしている							
	127	満席時、席のご移動をお願いすることが出来る							
	128	ドリンクをこぼしたお客様に拭く物を持って行き、 解決後、新しい飲物をこころよくサービスできる							
	129	最優先（子供・気が短い方）オーダーの対応ができる							
	130	品切れ時、代わりの商品をお客様にすすめられる							
	131	お客様に「できません」とすぐには言わない							
	132	飲食後の方にお茶やお水、おしぼりを持って行ってい							
宴会対応	133	宴会の幹事さまを名前でお呼びでき、コンタクトが取							
	134	宴会終了時、会計を滞りなくできる							
	135	本日の宴会予約を常に把握している							
	136	宴会予約の対応、お勧めができる（口頭、電話）宴会記入事項にミスが無い							
			合計点						

このようにホールの評価制度であれば、接客＋接客外＋教育で評価していくようにします。本人・上長・決定者と評価欄をつけることで、特に異なる場合に話ができる仕組みになっています。

				月　日			月　日		
			期待水準	本人	店長	決定者	本人	店長	決
教育	1点（○が1の時）	①新人に自分から声をかけてあげている							
	1.1点（○が2～4）	②みんなの前でほめることをしている							
		③失敗を気持よくフォローし、埋め合わせに何かをやらせたりしない							
		④手順を順番に説明できる							
	1.2点（○が5～7）	⑤新人をほったらかすことなく、仕事を与えようとしている							
		⑥決められた通りに調理法を伝えている							
		⑦教えることは、一回につき1事柄で、計画的にしようとしている							
	1.3点（○が8～10）	⑧～さん○○やってくださいと直接指示を出している							
		⑨自分から率先して実行し、やらせている							
		⑩違うことは、指摘し、その場で直させようとしている							
		⑪お客様に呼ばれた時大きな声で返事ができる							
			合計点						

01　看板メニューのグレードで客層を広げよう

02　格下の1店舗にターゲットを絞って叩こう

03　競合店よりアイテム数を増やそう

04　他店との違いを明確に言葉で表現しよう

05　競合店が進出してきてもあわてないこと

06　すべての料理をつくって検討してみよう

07　実演特化で他店と差別化していこう

08　競合店の次は繁盛店を研究しよう

09　「自分ならどうするか」を常に考えよう

10　スタッフと繁盛店回りをしよう

9章

看板メニューで競合に勝とう

看板メニューのグレードで客層を広げよう

▼看板メニューの商品価値を高める

看板メニューで売上アップができるということは、競合店の看板メニューを叩けば相手にダメージを与えることができるということです。しかし、意識的に相手を叩かなくても、看板メニューづくりが自店の中で着々と進んでいれば、競合店のことを気にする必要はありません。

あなたの店の看板メニューが、お客様から地域ナンバーワンと認めてもらえるようになれば、商品価値を高めることをメインに、課題が次々に出てくるからです。

商品価値を高めるとは、たとえば、集客看板メニューは交雑種のカルビだが、脂の甘さが繊細な東北産の和牛カルビを極上カルビとして、塩タンに次ぐ二番手の儲け看板メニューに育てていこうといったことです。

このように、集客あるいは儲け看板メニューについては、客層にかかわらず地域ナンバーワンを死守していくために、2～3のグレードを持つようにしていきます。グレードを持つとは、一つのメニューに「松・竹・梅」の価格差を設定するということです。つまり、一つのメニューについて、財布のひもが固いお客様にも余裕のあるお客様にも満足してもらえるようにするのです。

▼基本は3グレード

まず、今ある看板メニューの上位グレードをつくって2グレードにし、その反応を見ながら下位グレードをつくって3グレードにするという進め方をします。なお下位グレードについては、できれば競合店の中で一番価格を安くし、品質は最も高くします。

この場合、価格差をどうするかが問題となりますが、お客様にとっては、1・3倍ずつグレードが上がり、松と梅のグレード差が1・7倍程度というのが手が出やすい価格となります。しかし、明らかに品質に差がある場合、梅と松の価格差が3倍までであれば、共存させることが可能です。あるとんかつ店では、1500円のロースかつ膳を集客看板メニューにして、その上位グレードのハモン・イベリコ・ベジョータ（イベリコ豚の生ハム）を使用したロースかつ膳を儲け看板メニューとして4200円で提供し、繁盛しています。

お客様の生の声を入れたメニュー表の例

アンケートから一部抜粋しました。実際に食べたお客様の生の声です。皆様本当にありがとうございます。

どれもこれも自慢のメニューです。初めてのお客様はまず「豊か塩とんかつ」を食べてみてください。

豊か「塩とんかつ」メニュー

豊かロースかつ膳 1,500円

豊かリッチロースかつ膳 1,800円

豊かキングロースかつ膳 2,200円

豊かヒレかつ膳 1,500円

豊かクイーンヒレかつ膳 2,000円

豊かロースとヒレの盛合せ膳 2,000円

ロース(ヒレ)と海老フライ膳 2,000円

豊か「オリジナルとんかつ」メニュー

すだち塩とんかつ膳 1,800円

揚げ出しとんかつ膳 1,800円

さっぱりおろしとんかつ膳 1,800円

豊か海老フライ膳 1,500円

豊か「小さなとんかつ膳」メニュー

豊か小さなヒレかつ膳 1,400円

豊か小さなヒレと海老フライ膳 1,500円

豊か小さなロースとヒレかつ膳 1,500円

豊か小さなロースと海老フライ膳 1,500円

小さなイベリコ豚のロースかつ膳 3,200円

豊か「プレミアムとんかつ」メニュー

スペイン産イベリコ豚のロースかつ膳 4,200円

スーパーゴールデンポークロースかつ膳 3,300円

特撰ブランド豚のロース三種盛合せ膳 4,800円

イベリコ豚ばくしのかつカレー 3,900円

アラカルトメニュー

イベリコ豚生ハム 800円

イベリコ豚の角煮 600円

豊か特製ミンチボール 300円

宮崎名物チキン南蛮

黒豆の枝豆

豊かとんかつお持ち帰りメニュー

	[セット]	[単品]
豊かロースかつ	1,100円	850円
豊かリッチロースかつ	1,400円	1,150円
豊かキングロースかつ	1,800円	1,550円
豊かヒレかつ(3個)	1,100円	850円
豊かヒレかつ(1個)	—	300円
豊かクイーンヒレかつ	1,600円	1,350円
海老フライ(3尾)	1,100円	850円
海老フライ(1尾)	—	300円
炊き立てごはん	—	250円
黒豆茶ティーバッグ(5P)	—	300円
特撰南高梅干し(1箱)	—	900円
ソース&ドレッシング	—	400円

お客様の意見の内容の濃さにも圧倒されますが、それに見合うだけの品揃えがあります。

格下の1店舗にターゲットを絞って叩こう

▼看板メニューのマーケット拡大も考えること

競合店は気にするなといわれても、かつて売上を近隣の競合店に取られた経験を持つ経営者の中には、かつての売上をいつか取り戻そうと考えている方もいることでしょう。しかし、それは簡単ではありません。

そこで、その競合店から売上を奪い返すと考えるのではなく、まず自店の看板メニューをより多くの方に食べていただき、さらにグレード化させて、その看板メニューのマーケットそのものをこの地域で拡大させることを考えましょう。たとえば、餃子は1年間の1人当たりの消費量の全国平均が約2400円なのに、宇都宮ではそれが4000円になります。もともと消費量が高いのではなく、意識的に市場を広げた人がいるのです。そこで自店でも、月1回食べているものを月2回食べさせる商品パワーを持たせる工夫をするのです。

▼蹴落とす相手は格下に限ること

その上で競合を叩きたいというのであれば、戦う店舗を1店に決め、その店舗の看板メニューを蹴落とすために自店で同じような商品をつくり、その出数を自店で増やしていくことになります。

漠然と複数の競合店に勝ちたいと考えている人は、どんな競争にも最終的には勝てません。具体的な1店舗の1商品を叩くことで初めて勝つことが可能になるのです。実際に競合店で人気メニューを確かめ、それを超えるものを自店でつくり、競合を叩くのです。

特に看板メニューが同じ場合は、とことん叩かなければ、相手の屋台骨を揺るがすことはできません。ただし、叩く相手は必ず自店より総合力で格下の店だけにします。そして格下を揺さぶりながらも、自店の看板メニューをどうしたら月2回以上食べてくれるかという競争をし、その看板メニューについてはいずれ格上の店にも絶対に勝つようにしなければなりません。

もっとも、格上の店の看板メニューを土俵にすることあるごとに自店全体が左右されてしまいます。そういう状況にならないように気をつけながら競争していくことが、格上の店に勝つポイントになります。

叩く相手は"格下"だけに

競合店よりアイテム数を増やそう

▼相手の強みとするカテゴリーを攻撃する

自店より弱い競合店を叩く場合、その店より強い店であることを印象づけるために、相手の集客看板メニューグループと、その属する部門のメニュー数を競合より多くしていきます。

今まで、自店の看板メニューづくりでやってきたことと同じことを、対競合店の看板メニューについて行なっていくのです。ただし、これで自店の看板メニューの売上を落としてしまうと本末転倒になるため、看板メニューの売上をキープしながら急がずに行なっていきます。

まず、競合の集客看板メニューが属するカテゴリーのメニュー数の1・3倍のメニュー数を揃えます。食材を増やす必要はなく、激辛、1・5盛りなど、ちょっと手を加えればすむものをつくっていけばいいのです。

次は、中身の勝負です。相手の集客看板メニューより安い価格で、同等の商品をつくっていきます。できる限り安いほうがいいのですが、10円安いだけでもかまいません。そして、1・3倍以内の値段を基準に、その上のグレードの商品もつくります。二つの価格で相手の看板メニューを挟み撃ちにしてしまうのです。

▼安さ感と質の高さを演出

競合店の集客看板メニューの数が自店の集客看板メニューの数より多い場合、メニュー数を競合より増やすと自店のメニューバランスが崩れてしまうため、この中身の勝負だけを行ないます。相手の集客看板メニューを完全に包み込むことはできませんが、10円でも安くすることで「安さ感」があることと、上のグレードをつくることで「質の高い店」であることを演出していきます。

相手にとっては、自分の利益の源を知らない間に攻撃されることになり、その影響はいずれ出てきます。ただしこれは、自店の利益構造が、集客・儲け看板メニューによって確立していることが前提となります。看板メニューにおいて、売上シェアで集客看板で7%、儲け看板で11%以上という構造ができていない状態で行なうと、自店の利益構造が変わり、それが跳ね返ってきます。このため、安易な気持ちでの競合対策は禁物です。

メニュー数の多さで競合を叩く

近隣の寿司店を包み込む品揃え寿司メニューです。テーブルマット代わりに使用します。

他店との違いを明確に言葉で表現しよう

▼競合店を分析すること

自店の看板メニューと同種類のメニューが競合店にある場合、それがどう違うかを言葉ではっきりと表現できる店はほとんどありませんでした。なかには、競合店には行ったこともないという経営者もいます。

私は、コンサルティング先の競合店には必ず調査に行くようにしています。経営者や店長が客として競合店に行くことによって、自店のお客様に対する認識が広がり、深いものになるのです。ここでは、自店より格下の店を叩くことがポイントですが、認識を広めるため、格上の店にも行くことが必要です。

競合店で主に見るところは、①自店の看板メニューと同種類のメニューと相手の看板メニュー、②カテゴリー数・カテゴリー内アイテム数・価格帯、③店舗装飾、クリンリネス、サービス力で明日からすぐに真似しようと思うところ、の三つです。

▼競合店のメニューを具体的に把握する

ここでは、①について説明していきます。

まず、自店の看板メニューと同じメニューと競合の看板メニューを食べてみて、どう違うかを言葉で説明できるようになることが大切です。自店の看板メニューの価値を分析・統合してキャッチコピーをつくったのと同様に、素材がどう違うのか、調理がどう違うのかを言葉にして記録します。

そして、お客様の視点で、おいしさ、体への良さ、食べやすさ、見栄えが、自店のものとどう違うのかを言葉にしていきます。さらに、看板メニューについてお客様の視点で整理し、さり気なくメニュー表やチラシに入れていきます。

自店の看板メニューは、格上の店にも絶対負けてはいけません。総合力で負けていると感じても、この客層であれば自店が勝っていると確信してください。そして、その層から看板メニューを広げていこうと考えてください。それが、勝てる場所を見つけて、一点突破して広げていくオンリーナンバーワンを追求する看板メニューマーケティングの根幹になるのです。

クレープで差別化を図る洋菓子店のチラシ

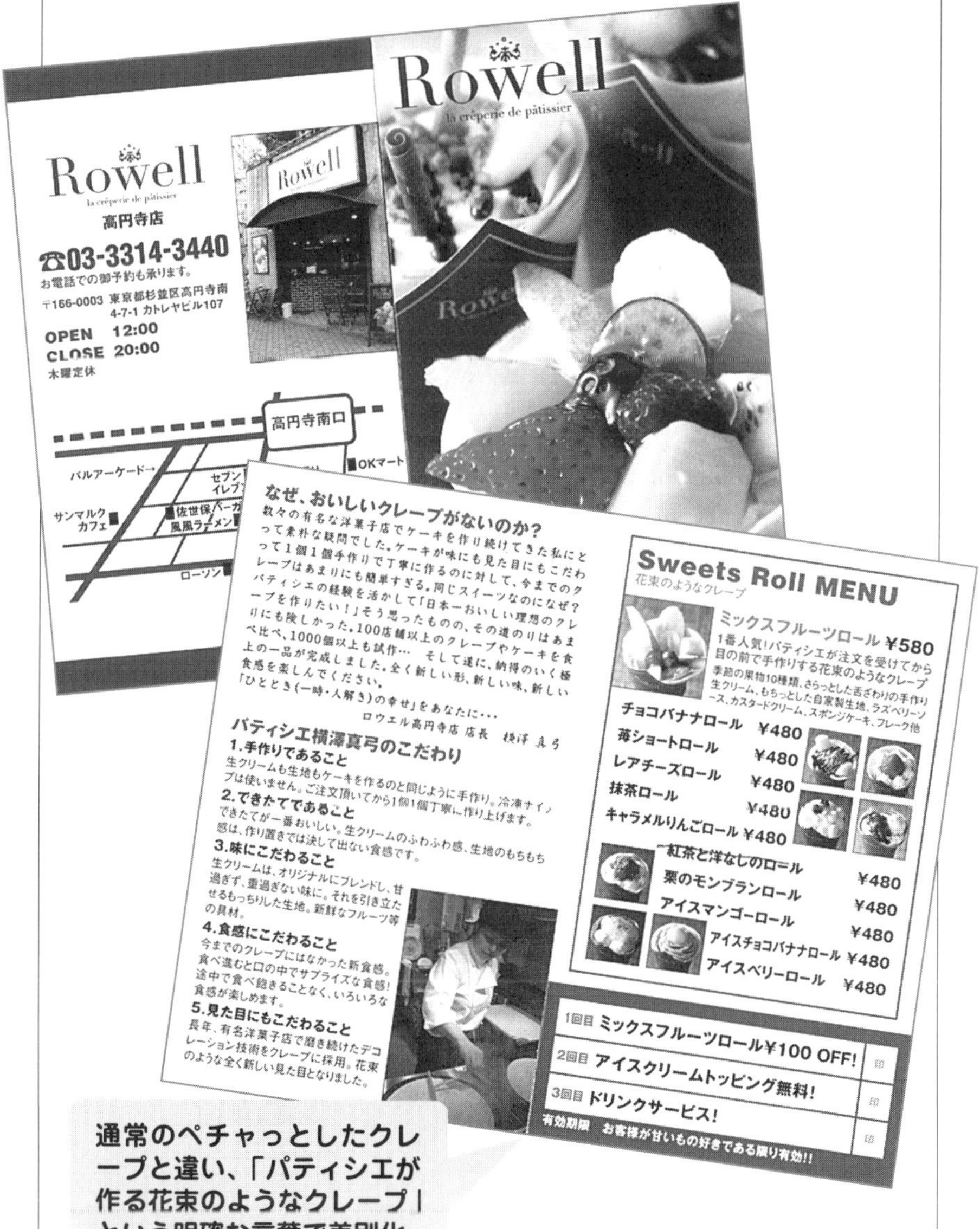

通常のペチャっとしたクレープと違い、「パティシエが作る花束のようなクレープ」という明確な言葉で差別化。

競合店が進出してきてもあわてないこと

▼商品で負けていなければ大丈夫

近隣に新しい競合が出店したことで、自店の売上が7割に下がっているとします。そんな場合、多くの方が気持ちで負けてしまいがちです。

これは、商品そのものと販売に関係するものを分けて考えることできないことが原因です。商品が負けていなければ、いずれ盛り返せます。意気消沈するヒマがあるなら、徹底的に商品に磨きをかけていくことです。

私のお付き合い先にも、200メートル先の同業の中華料理店が改装したため、売上が2割ダウンしたところがあります。味よりも店の高級感を求める高年齢のごく一部の客層は逃しましたが、最終的には、餃子とラーメンの強化、サービスやクリンリネス改善で売上の110%まで盛り返したところがあります。

▼キーワードは「近・親・安・安」

販売に関係するものとして、店舗、接客、販促については、競合店と比較するのではなく、現状をよりよくしていくという視点で行なっていきます。

具体的には、お客様のメリットを考え、販売関係の要素を改善していきます。そのキーワードは、「近・親・安・安」です。「近」はより近く（精神的な近さも含む）、「親」はより親切に、一つめの「安」はより安全・安心に、二つめの「安」は競合店より安そうに見える、ということです。この対策として、次のようなことが実際に行なわれています。

「近」……年中無休、営業時間の延長、店頭を明るく目立たせる、チラシの配布

「親」……食べ方の説明、ドリンクのお代わり、お帰り前の新しいおしぼりの提供

「安」……安全な仕入先から直に野菜を仕入れる

「安」……数種類の集客商品を、商圏一安くする

競合店ができた場合、3ヶ月間は自店の売上は減少してしまいます。一度は新しい店に行ってみたいとお客様が思うからです。それに対応できるよう、経営者は強い看板メニューで高生産性の店をつくり、一方では、潤沢なキャッシュフローを持つことも大切です。

「近・親・安・安」の実践シート(ペットショップの例)

近・新・安・華・安　実践シート　No.3

店　平成18年12月18日　来店

「お客様の困った」を解決できる＆ニーズを先取りした売場展開(陳列＆POP)のできているお店

陳列の魔術師　店長／

キーワード	事例
近い→ 心理的にも近くする	①太陽光が入り、レイアウトで死角がない明るく広い店内 （大きな意味で店舗全体の集客商品である小動物の売場が明るく開放的なところがポイント） ②生体独特のにおいがほとんどない店内（ダスキンに感謝）
親切→親切にする	①お客様困ったの解決を商品カテゴリーとして整理して売場づくりをしている（年末大掃除、犬の薬品、歯等）写⑤⑪⑯ ②専門店商材の重点販売品の多場所展開（バイオスコール、ドクタープロ、ドクターバオ等）　写⑤⑫
安心→ 安心してもらう	①お客様の視点で書かれた商品説明POP　写⑪⑬⑭ ②お客様の視点に立った飼う上での不安解消の説明POP　写⑪⑫
華→楽しく華やか	①入口は入ってすぐの季節商材の陳列スペース　写④⑮ ②わんちゃんランキング　写⑧ ③犬生体にバンダナ、持ち帰り写真　写⑥ ④エンドでのカテゴリーでの商品陳列　写⑬⑭ ⑤安価品も綺麗にして陳列　写⑦⑰⑱ ⑥犬おやつ等＋αの商品のボリューム陳列　写⑰
安い→安く見せる	①月特商品チラシの店頭設置とプライスカードの設置　写なし ②エンドでのお得商品のダンボール陳列　写⑰⑱
店長が徹底していること	①従業員と信頼しあってお店を営業していく。そのために最低限のルールは守ってもらう。特にお金については、レジ金の過不足等がないように、お客様とのレジ対応等も含めて店長自ら教育するようにしている ②お客様の目線で売場づくりを行う。（テーマを決めて、見やすく、手に取りやすく陳列）お客様に「これ使ってよかったよ」等問題解決で感謝されることで信頼地域No.1店舗になるのが目標
宮内　海が感じたこと	①寡黙な店長が何を考えているか、頭の中を覗けたような気がしました。専門店として先に行っているお客様の問題を上手に高粗利商品に繋げて販売し、それを生かした売場で、他のお客様にも販売できている店です。 ②①の理由は、兵頭店長の力もさることながら、商品を一番良く知っている丸谷Mと掛け算で取り組んでいるからでは！ ③売場からそのペットを飼うシーンが初心者も想像できてとてもいいお店でしたが、魚部門はイメージできませんでした。競合等ありますが、熱帯魚初心者に絞り、テトラ系でそれをイメージできる売場を付加できれば良くなると思います。 ④店頭がさびしい雰囲気があるので間口を広く見せる工夫（入口だけ横つらを通して色を変える、店頭の商品陳列を増やす、のぼりを10本ほど陳列する）があれば、改善します。

この実践シートは、自店の強みの再確認と良い店を具体的に共有化するためのツールとなります。なお、この事例はオリジナルで「華」というキーワードを追加しています。

すべての料理をつくって検討してみよう

▼原点に戻って検討してみる

新店開発を行なうときは、すべての料理をつくり、一面に並べて検討します。横を料理部門、縦を価格に区分けして並べ、商品名と売価と原価率を書いたポストイットを商品の脇に貼り付けていきます。

そしてスタッフと、部門内メニューのバランスと、料理の価値が価格に一致しているかを具体的に見て話し合っていきます。競合に悩まされている場合も、このように原点に戻り、自店の足元を見直すことが大切です。

並べられた商品1品1品を見ていくことも大切ですが、ここでのポイントは、全体の構成のバランスを見ることです。メニューそのものが弱い部門がないか、部門同士が同じようなメニューで面白味に欠けていないかといった視点で見ていきます。

商品価値が価格に一致しているかどうかは、現物をつくって並べていけば一目でわかります。

▼お客様の意見を感じ取ること

そして、フロアスタッフ全員に、お客様の代わりに感じたことをいってもらうようにします。

「この商品とこの商品は同じ価格だけど、こちらがお得すぎない？」、「たまねぎの量が全体的に多いけれど、何か理由があるの？」、「キムチ雑炊しかないが、辛いのが苦手な人用に何かつくれないか？」、「ふぐを使ったメニューは唐揚げだけだが、他にもあったほうがいい」など、調理スタッフが気づかないいろいろな意見を出してもらうのです。

その意見に対して、オペレーション的にそれは無理だと頭から否定してはいけません。その発想を店長がていねいに聞いて、まとめていきましょう。

調理場はどうしても閉鎖的になりがちで、儲けの種を仕入れることが疎かになります。このため、雑誌等の意図的に加工された二次的な「燻製情報」を取り入れがちですが、お客様の代理であるフロアスタッフのフレッシュな「刺身情報」を活かしたほうがうまくいきます。

検討を終えた後は、全員で試食会です。スタッフが料理の味をお客様に伝えるためにも、これは有効です。

自店の足元を見直すために、すべての料理を検討する

実演特化で他店と差別化していこう

▼店に活気をもたらす実演

メニューや業態を変えないで他店と大幅に差別化する方法は、店舗に実演効果を取り入れることです。看板メニューを、入口を入ってすぐのお客様から見えるところでおいしそうに調理すれば、これほどわかりやすい看板メニューのマーケティングはありません。忙しくなるほど店に活気をもたらします。つまり、看板メニューが出れば出るほど、店に活気が出てくるのです。

実演で成功している店は、業種にかかわらずたくさんあります。

たとえば、イタリアンでは新宿野村ビルにある大きな茹で釜が印象的な「はしや」、とんかつでは大きな天ぷら鍋が目をひく「目黒とんき」、牛タンでは炭火がカウンターから見える「新宿ねぎし」、カフェであれば奥の厨房でできたてのタルトが見える青山の「キルフェボン」、同じく調理場の中を通っていく表参道の「カフェロータス」、居酒屋では秋田にある「よいやよいや」、兵庫一円にある「とりどーる」などが、とてもすばらしい実演をしています。

▼実演のポイントを押さえておこう

実演店舗づくりのポイントは、次の八つです。①入口を入ってすぐの目立つ場所で看板メニューをつくる、②火が見えるようにして、ガラス等の仕切りは極力しない、③オープンキッチンのカウンターを高さ75センチと低くし、フラットで奥行60センチ以上の広いテーブルにする、④カウンター席から床が見えないように調理場の通路幅を狭くする、⑤お客様のほうを向いて調理する配置にする、⑥仕込みの手づくり度合を高め、オープンキッチン内でお客様が見えるようにしてその仕込みを行なう、⑦本物感を高めるために、質感のあるユニフォームを着用する、⑧三つ以上の調理実演であればその部分だけでいいが、それ以下ならフルオープンにする。

上記の「とりどーる」は焼鳥がメインの店ですが、お客様を案内する際、遠回りしてでも炭火の焼台の前を通るようにして、焼鳥のおいしそうな匂いと光景でお客様の期待を高める演出をしています。

にぎわいをもたらす調理実演

看板メニュ―の実演ほど力のあるものはありません!!

競合店の次は繁盛店を研究しよう

▼どんな店舗が参考になるか

商圏の重なっていない繁盛店を見に行くと、多くのヒントと元気をもらうことができます。

繁盛店といっても、いろいろなタイプがあります。

①突出して料理はおいしいが、サービスが悪い店

②おしゃれな内外装で、料理もサービスも及第点の店

③店は新しくないが、料理もサービスも良い店

楽しいのは②で、名店に行った気になるのは①ですが、これらはあまり参考になりません。①の店は、経営者が苦労してつくり上げた料理と味ですが、センスを要求されるメニューが多く、マネをしてもうまくいきません。②の店は、1年後に繁盛店であり続けているかどうかはわかりません。

料理がそこそこおいしく、サービスも良い③のタイプの店こそ、多くのヒントを与えてくれます。

③の店にも、2通りあります。それは、従業員にプライドがなく、明らかに安い店と、一目置かれている店です。前者は自店価値のアップに挑戦しない器用貧乏な店ですので、参考にしてもあまりいいことはありません。後者の店こそ、本当に参考となる繁盛店です。

その見分け方は簡単です。入ったとき、従業員が堂々と目を見ながら出迎えてくれたかどうかです。そして、本当の繁盛店は、トイレとカスターセットを見ればわかります。そういう店は、トイレが非常に清潔で、カスターセットはいつも曇りなく光っています。

▼サービスと商品をチェック

そんな店が見つかったら、まずサービスでマネできることはないかと観察します。そして、自店で行なうことを前提に3項目のサービス・行動を見つけます。

商品については、よく出るメニューは何かと従業員に聞いて「どうおいしいの?」というところまで聞きましょう。そして、第一印象で「これはいい」と感じたことを参考にしていくのです。

あまり細かな点ばかり観察していると、お客様とその店のダイナミックな関係がつかめません。お客様の立場で感じたことを参考にするのも、また重要なことです。

一目置かれる店はここが違う

「自分ならどうするか」を常に考えよう

▼日常の中でも考え続けること

他店の良いところを学ぶことは当然ですが、その次に大切なことは、「自分ならどうするか」を常に考え、それを店で実行することです。

これによって創造力が養われ、面白い企画や斬新なキャッチコピーを考えられるようになります。

相手を受容することは大切なことですが、一方で自分の意見を持つことも大切です。ただし、自分の意見が相手の意見を包み込むか、納得させられるものであることが求められるでしょう。そのためには、いつも意識的に「自分ならどうするか」を考えつくすことです。

いつもというのは、仕事をしているときだけでなく、日常生活の中のあらゆる場面で、「自分ならどうするだろう」と考えるということです。

▼考えることから独自性が生まれる

これは、神戸の御影新生堂の常務から教えていただいたことです。この店は米と酒を中心とした高級食材店で、とても面白い商品ＰＯＰがたくさんあり、行くとワクワクしてつい買ってしまいます。そのＰＯＰを考えているのが、社長の奥様である常務です。

この会社は酒のディスカウントからスタートした会社で、現在はその場で精米する玄米の販売を看板商品にして3店舗で年商10億円を達成しています。一度ディスカウント方式に慣れてしまうと、少しでも安くという発想が強くなり、なかなか高級化することは難しいのですが、その中で高級化に成功しています。

つまり、創造力を高めたことによって、「より安く」という方向には進まず、お客様を楽しませる品揃えとその商品の良さを上手に伝えるＰＯＰによって、独自性の高い店をつくることができたのです。

創造力を高めるためには、まず感じることが大切だと思います。頭で考える前に、自分の好き嫌いでまず感じて、次になぜその人がそうしているのかを考え、そして、自分ならこうすると考えること。この三つのプロセスを経ることができれば、他店を見に行く場合にも本当に自店のメリットになる情報が得られるでしょう。

あらゆる場面で創造力を高める努力をしよう

スタッフと繁盛店回りをしよう

▼まず、スタッフの目的意識を把握する

私のお付き合い先では、毎月の誕生会を兼ねてスタッフと繁盛店回りを行なっていますが、そのとき、各人に2度の質問をしています。

1回目はその店で感じたことを聞きます。これにより、スタッフの目的意識を把握します。このとき、答えは一つだけに限定してもらいます。それは、店にとってベストな答えを見つけるのが目的ではなく、本人の教育を目的としているからです。聞いてみると、悪いところをあげる、好き嫌いで判断する、細部ばかりを指摘するなど、そのパターンはいろいろです。そこで店長は反論せず、スタッフがいっていることは理解できるという姿勢をとって、不明な点があれば質問していきます。

2回目の質問では、自店で「これをやってみよう」と思うことを一つだけあげてもらいます。

このとき、「みんなで、○○をしたらいい」というスタッフには、「いい意見だね。その実現のために、あなたはまず何ができそう？」と、本人が行動することを前提にした質問していきます。そして、その内容の採否の判断をその場で行ない、やると決まったら即実践させます。

▼スタッフに有言実行させるために

会議の場では、分析や批判することがその目的だと思っている人や黙っている人、つまり実践せずに傍観者でいようとする人が半数を占めるものです。それを防ぐために、会議より気楽な気持ちでいられる繁盛店回りを利用して経営者や店長のほうから仕掛けていくのです。

この場合は、こちらから押しつけた答えではないため、発言者は自然にお尻に火がつくはずです。

それでも行動しないスタッフには、そのスタッフに他人がして許せないことをあげてもらい、それと行動を関連づけていきます。たとえば、約束を守らない人間が許せないといった場合、そのスタッフが自身が決めたことをやらなかったらときに本気で怒るのです。自分自身の価値観に基づいたものであるため、恨みを持たれることもなく、実践の原動力に火をつけることができます。

異業種の繁盛店にもヒントはいっぱい

売る商品を決めて売っているうちに、いつの間にか日本一その商品を売るようになったドラックストアのチラシ。迫力があります。

01　値下げの恐ろしさを知ろう

02　最高日商を上げていこう

03　看板メニューで自分のペースに変えていこう

04　どこにもない１品を極めた達人に聞こう

05　自信を持って人材募集をしよう

06　看板メニューで「好循環経営」をしていこう

07　業態のライフサイクルを知ろう

08　店の四つのレベルを知り、看板メニューに活かそう

09　看板メニューづくりは経営の根幹

10　10年後も看板メニューで生き抜こう

10章

看板メニューで
繁栄し続ける店になろう

Section 01

値下げの恐ろしさを知ろう

▼「まず値引きありき」のPRをしてはならない

値下げや値引きは、期間限定か最後の最後に行なう手段です。私も年2回の大規模な新規客獲得のための販促のときにしか、値引きは行ないません。

値引きは、「自分には値引き以外にお客様を喜ばせる知恵がありません。自店の商品のお客様から見た価値もよくわかりません」とお客様に主張することと同じです。まずは、「この商品はこんなに価値が高いのにもかかわらず、この値段だからお値打ちです。食べないと損をしますよ」というニュアンスでPRすべきで、値引きを先にPRすべきではないのです。

▼1割値下げしたら2割の客数アップが必要

10%値下げした場合、同じ利益を確保するのにどれぐらい客数アップしなければならないかを理解しましょう。たとえば、売上100万円、食材費35万円、人件費30万円、その他家賃等の販売管理費20万円、営業利益15万円の店があるとします。食材費は35%で実額は変動し、人件費と販売管理費は固定費とします（左図参照）。

10%値段を下げてしまえば、そのままだと売上90万円で原価率が35万円÷90万円＝39%、粗利率が61%（4%悪化）となります。この状況で同じ利益を確保するには、いくら売上が必要かと考えると、粗利で65万円必要ということは変わらないため、65万円÷61%－100万円＝約7万円（7%）の売上アップが、現状維持のために必要となります。

客数では、客単価が値下げにより10%下がっていますので、107%÷90%＝118%に客数をアップしないと、現状維持さえもできないことになります。10%割引したら10%客数がアップすればいいのではなく、20%近くアップさせないと同じにはならないのです。

しかも今回はわかりやすくするため、人件費を固定としましたが、実際は増強要員のアルバイトが必要となるため、そのまま120%客数アップでは、利益額は割引前より下がります。供給過多の時代に、割引だけで客数を2割増やすのは難しい時代です。長期間値下げをする場合は、事前に綿密なシミュレーションが必要です。

安易な値下げは禁物

A 通常時

1000円のとんかつ定食のみのとんかつ店。月商100万円、原価率35%

Aの1ヶ月の売上は
1000円×1000人=100万円

10%割引して客数がそのままだと利益は3分の1に

B 割引時（客数は変わらず）

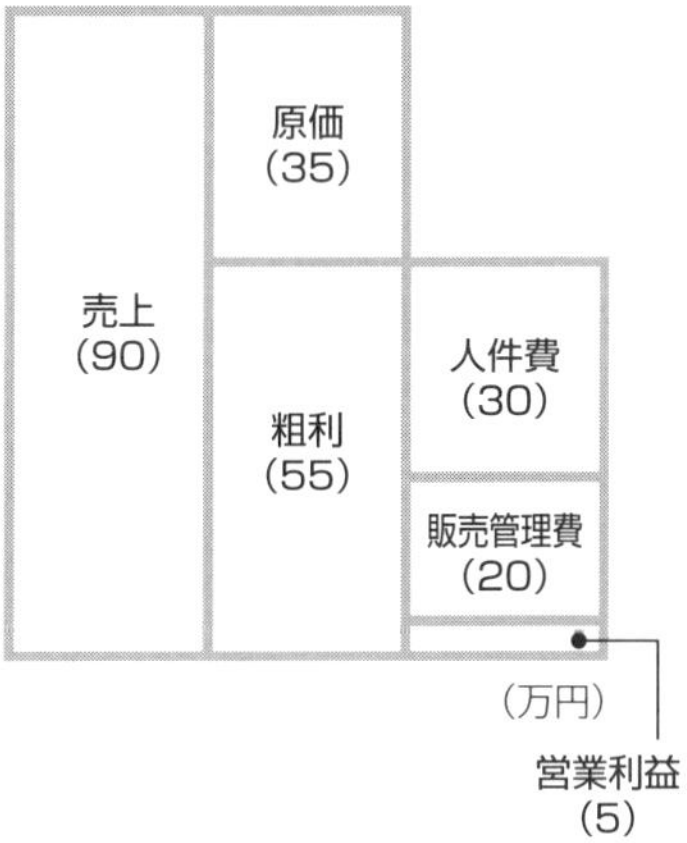

Bの1ヶ月の売上は
900円×1000人=90万円
ちなみに10%の割引で原価率は
35%→39%にアップ

同じ営業利益を確保するなら客数は118%必要

C 割引時（客数アップ）

C
10%割引して原価率39%のまま
Aと同じ営業利益を確保するなら
売上は107%、客数は118%に
アップさせる必要がある

最高日商を上げていこう

▼看板メニューが売れれば、日商もアップする

売上がアップしていく店の傾向として、看板メニューの構成比がアップしていくのと同時に、最高日商がアップしていくことが挙げられます。これにはいろいろな要因がありますが、わかりやすくいうと、新規客が増えているということを意味します。

新規客というのは、ふだん、あなたの店に行くという生活習慣がないお客様です。そういうお客様は、何かのイベントか給料日の後くらいにしか、あなたの店に来ようとは思いません。

よく売上が悪くなると、新聞折込やフリーペーパーで新規客獲得を狙って販促をする方がいますが、それは間違いです。本来、売上のいい時期にそのような販促を行なって新規客を獲得し、悪い時期はDMでOB客に販促するべきなのです。たとえば、ふぐのてっちり鍋の店が売上が悪いからといって夏に新聞折込をしても、まず新規客は来てくれません。普通、てっちりを食べたいと思うのは冬だからです。ところがOB客向けのDMなら、夏でも好きな方は来てくれます。

▼売上良好の時期にあえて販促をする

つまり、自店の売上が高いときに、あえて販促をして最高日商を上げて新規客を獲得していくのです。また、調理能力や席効率の改善で客数がアップすれば、最高日商もアップします。そして新規客が増加します。ただし、あなたの店が繁盛店であれば、満席のタイミングで入れずに帰るお客様の中には新規客が多く含まれます。この場合は、他券併用可でドリンクが1杯サービスになる「おわびカード」を配るなどの対策が必要です。

客数が増えれば、おのずと新規客が増えます。儲け看板メニューで客単価が上がれば、付加価値がある証拠なので、口コミでさらに新規客が増えます。

つまり大切なのは、最高日商をつくることにいかに執着するかということです。方法は何でもいいのです。面白い例では、SNSの「ミクシィ」で昭和53年（生まれ）会を主催し、そのパーティーを自店で企画し、最高日商を上げている店長もいます。

繁盛している時期には新規客が増える

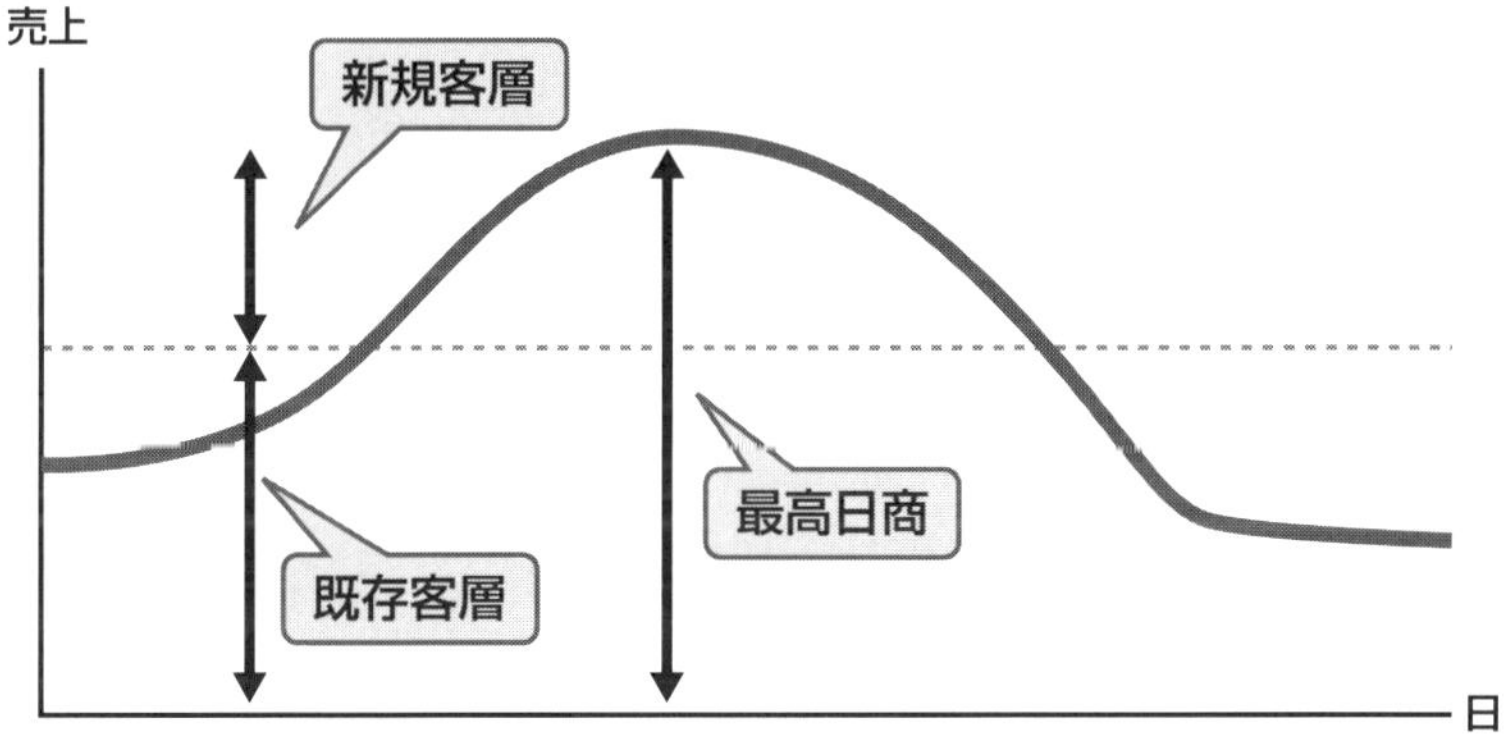

最高日商が高くなれば、そこは新規客の割合がグッと高くなります。だから最高日商が大切なのです。

看板メニューで自分のペースに変えていこう

▼看板メニューで主体的に動けるようになる

どう社会に適応していくかというハウツーばかりを追い求めていると、自分の周りは変えられないという考え方が身についてしまうものです。

そうすると、上司の顔色に過度に反応したり、流行りのキーワードを口にしては、それに取り組んでいるといった話をするだけで、経営者から見ればプロジェクトを任せられない人間になってしまいます。

1章で述べましたが、この価値観を変えてくれるのが看板メニューです。まず、店長自らが看板メニューを独自の行動で一所懸命売ります。その過程でお客様に接してもまれることで、オンリーナンバーワンでいいのだと確信するのです。そして、出数が増えることによって自信がつき、堂々とおすすめできるようになります。

それを見ていた従業員が、そんなにいい商品なのかと感化され始め、売ってくれるようになるのです。どこの店でも、必ず店長を自発的に手伝い始めるスタッフが出てきます。そして、常連客が意見や感想をいってくれるようになり、さらにブラッシュアップしていくと、噂を聞いて新規客も来るようになります。

▼情報を主体的に利用する

看板メニューでこの経験をした人は、自分ができることを確実にしていくと、社会（従業員、ＯＢ客、新規客など）のほうが変わってくれることを体感しています。

それを変えることができれば、必要以上の情報に惑わされることがなくなり、情報を主体的に利用することができるようになります。

情報に惑わされる人は、雑誌やテレビで紹介される流行りの料理を、そのまま店のメニューに加えようとします。しかし、看板メニューを売った経験がある人は、その料理がなぜ支持されるのかを考え、それを活かそうとします。前者は別の料理が流行すれば、それまでの流行メニューは終わったと考えますが、後者は商品をお客様との関係で見て結論が出せるため、たとえば、今流行っている料理は一時的流行だから参考にならないなどというように、見極めがつけられるのです。

理念とミッションを明確にしよう

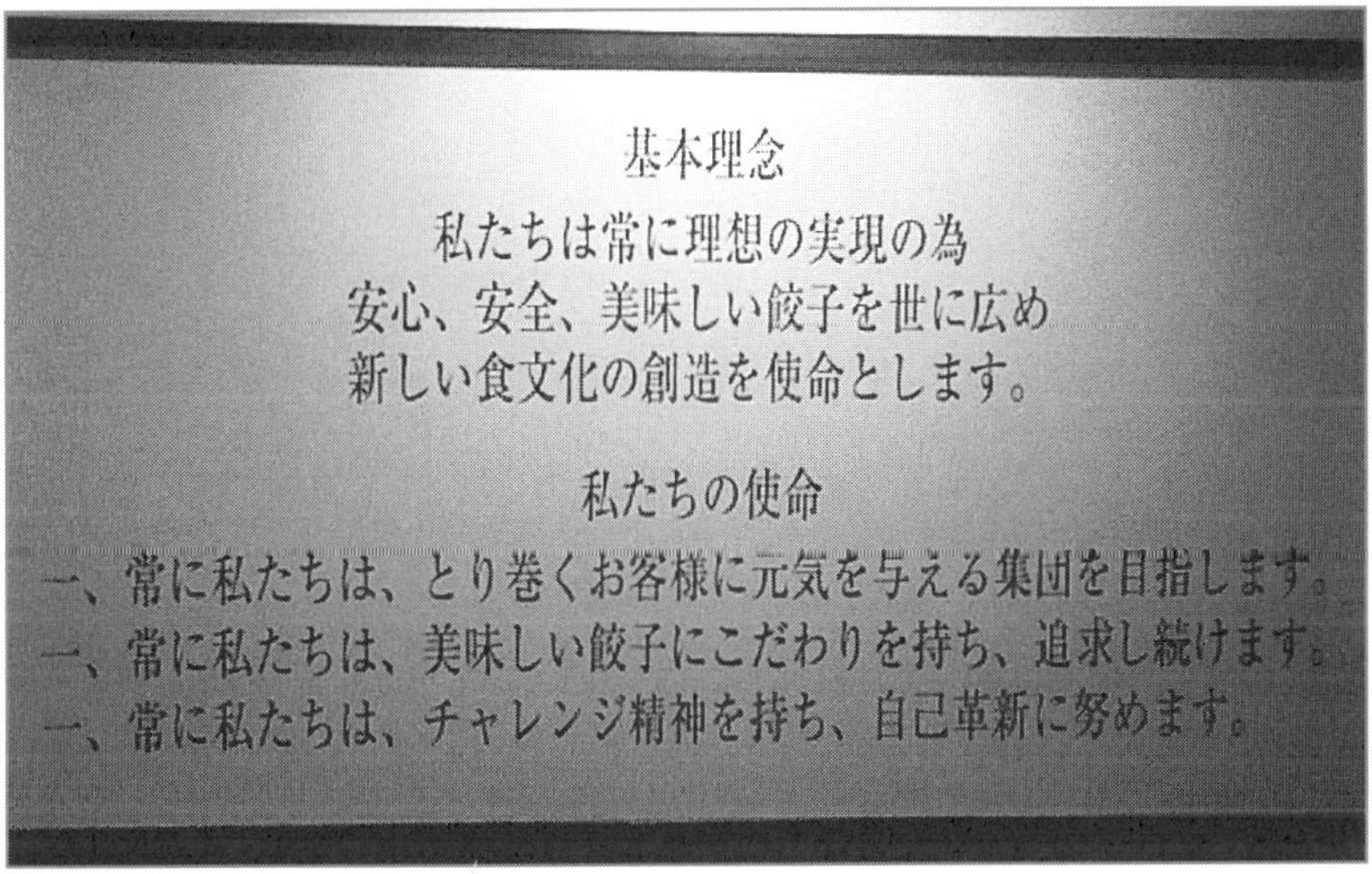
基本理念
私たちは常に理想の実現の為
安心、安全、美味しい餃子を世に広め
新しい食文化の創造を使命とします。
私たちの使命
一、常に私たちは、とり巻くお客様に元気を与える集団を目指します。
一、常に私たちは、美味しい餃子にこだわりを持ち、追求し続けます。
一、常に私たちは、チャレンジ精神を持ち、自己革新に努めます。

看板メニューカテゴリーでお客様に貢献するという明快かつ明瞭な企業理念を掲げている株式会社餃子企画の企業理念。これにより、行動にブレがなくなります。

Section 04

どこにもない1品を極めた達人に聞こう

▼妥協のない努力で1品にこだわる

兵庫県伊丹市に、10席で900万円を売る「大阪王」という店があります。メニューは餃子1品とビール、ウーロン茶だけです。私は、この店の中村社長から1品の奥深さを教えていただきました。

それは、①おいしい餃子は、外がパリッとして、喉ごしのよさがあること、②皮へ餡の量と乗せ方で味が変わるので、ヘラを常に持ち歩き、今は体の一部のようになったこと、③自分の体への負担なく、1アクションで底に丸みを持たせた餃子（パリっと焼ける形）を握れる方法を編み出したこと、などです。その一つひとつが的を射ており、目から鱗が落ちるほどでした。

一時、人に任せたことで売上を350万円まで落としたのですが、社長自らが今の売上にまで引き上げた経験をお持ちです。また、職人的なこだわりを持つと同時に商人的視点も鋭く、「新規のお客様を嫌がる店もあるが、自分は大歓迎。新規のお客様が一番口コミしてくれる」といいます。

そもそも餃子店をやろうと考えたのは、たまたま訪れた繁盛店で子供からお年寄りまでのニーズの広さを実感したのがきっかけでした。そして、修業の場で仕事は盗むものと教えられ、自分なりのものの見方を身につけていき、今の餃子を完成させたそうです。

▼喜びはお客様の声

シュークリームで有名な神戸のあるケーキ店の社長に「おいしいシューの味は？」と聞くと、「初めはふわーっと口全体に甘さが広がり、すっと甘さが抜けて、素材の味が後から引き立ってくるもの」と答えてくれました。これはシューに限らず、多くの料理にいえることではないでしょうか。また、今までで一番うれしかったことは、重い病気で食欲のなかった八百屋の店主が「ここのシュークリームだけは食べられる」といって食べてくれたこと教えてくれました。

どこにも負けない1品をつくり上げた方の話は、おいしくするための探求の仕方と、それに比例するように重みのある「お客様のおいしい声」を伝えてくれます。

10席で月商900万円を誇る「大阪王」

取材に応じてくれた大阪王の中村社長に何かできることがないかと伺ったところ、自分の餃子を広めてくれる後継者を多く育てたいということでした。
どこにも負けない１品で自信をつけたい方はぜひ、門を叩いてみてください。

株式会社　ハンエイ
　代表取締役　中村　謙二
事務所
〒534-0025　大阪市都島区片町2丁目4番6号　ウエムロプラザビル603号
TEL 06-6352-0041
京橋本店、伊丹店、大正店、野田店、長吉長原店と5店舗経営

Section 05

自信を持って人材募集をしよう

▼看板メニューで人材を集める

人が集まらないとよく聞きます。人材募集といえども人を集めるということでいえば、看板メニューを上手に売ることと変わりありません。人が集まらないから時給をアップすることは、売れないから値下げをするのと同じ発想です。これは避けなければなりません。

「この不透明な世の中でも、看板メニューで確実に切り拓いていけるので一緒に売ってくれる方を募集します」という内容を骨子として、会社の価値を上げようとしていることを知らせれば、時給が他社並みでも必ず人は集まります。

▼迎合すると後で苦労する

ここで注意したいことは、人が集まらないために迎合してしまうことです。「こんなに楽しいよ」だけの内容で募集すればそれなりの人材しか集まらず、後で苦労します。人材育成は料理と同じで、腕にあまり自信がない時期は良い素材を使う、つまり仕事に前向きな優秀な人材を集めて採用すべきなのです。

看板メニュー以外のアピールとしては、もし経営者が30歳前後であれば「若くして成功する秘訣を教える」や「一人ひとりが何かで一番になれるものを探し、育てる会社」、「自立した行動ができる人間になれる会社」のように、その人の人生にどう関われるかを表現していきます。

このような中心となるコピーが決まったら、働きやすさといった仕事の環境について、スタッフの言葉として伝えていきます。アルバイト狙いなら「30歳までのスタッフが中心です」、「(女性スタッフの写真入りで)賄いがすごくおいしいよ。歓迎会をしてくれるのですぐ友達ができます」、「上下関係のないオープニングスタッフ募集」などのコピーが考えられるでしょう。

私は、人材募集費に必ず売上の1%を使って、看板メニュー同様、常にいい人材を集めることを社長にお願いしています。逆にいえば、この看板メニュー、人材募集の二つと資金繰り以外については、従業員に任せられると考えています。

求人広告でも店の価値を上げることをアピール

ア ホール・厨房・バーテンダー
食
①時給900円②時給1000円※深夜割増含
常磐町
仕事▶接客・厨房・バーテンダー
時間▶①18:00〜0:00②0:00〜5:00
週2〜3日可、時間・曜日応相談
資格▶20才〜30才位　未経験者歓迎
フリーター大歓迎
待遇▶食事支給　制服貸与　昇給随時
交通費支給(規定による)
応募▶電話連絡後㊘持参で来店下さい
事業▶ダイニングバー
全員が主人公のお店です。
楽しく一人一人が働くことを大切にしています。
昭和町通り
当店
十々
両替町通り
呉服町通り
御幸通り
静清信金
江川町通り
至焼津
西武
センター至清水
北口
国1
JR静岡駅
創作料理とワインのお店
うちのスタッフたちです
全16名でやっています
社長が現場のスタッフにまかせてくれるからとてもやりがいがあるし楽しいね
店一番のしっかりもの
フリーター山田さん
鈴木さんのつくってくれる食事が超ウマイこれもバイトの一つの楽しみ。
店一番の元気娘
学生秋山さん
お客様に「いい笑顔だね」って言われる時が一番うれしい。
店一番のスマイルくん
フリーター佐野くん
☆お客様として来たいお店が働きたいお店です☆
・平成14年1月にオープンした創作料理とワインが楽しめる96席のダイニングバーです。
・18才〜29才までの同年代のスタッフが中心となってお店を運営しています。
・オーナーは30代で7店舗を経営。ヤリタイ仕事の見つけ方もしっかり教えます。
・18:00〜翌5:00迄の営業なので稼ぎたい方は、とことん稼げます。
あの某有名建築家が設計
ゆったりとした店内で創作料理とワインを
全員が主人公ユニフォームかっこいいよ
マーク:囲社員登用制度あり ⓗひさびさ募集(3ヶ月以上ぶり、又は初めての募集) 四40才以上もOK 囲土、日のみ

店の価値を伝えるアルバイト募集広告。30名が面接に来ました。

看板メニューで「好循環経営」をしていこう

▼行動してこそ意味がある

経営者でお客様にこうアプローチしたい、従業員にこう接したいという気持ちのない人はいないと思いますが、それを行動に移さなければ意味はありません。

私がセミナーで成功事例をお話しすると、「知っていることが多かった」と感想を書く方がいます。しかしそういう方には、知っていることと行動することは別だということを、ぜひわかっていただきたいのです。

また、看板メニューがあるという店に行っても、「当店名物」とメニュー表に書かれているだけで、それ以外の価値は一言も書いていないことがよくあります。それではお客様に、看板メニューがあると認識してもらうことはできません。商品でもクリンリネスでもサービスでも、意識的に探求できていない店は、残念ながら全体的にどうしても甘くなっています。

そういう店では「ある看板メニューでお客様に喜んでもらい、健康で幸せになってもらう」と、より現実的な目標を決め、最終的には一つの看板メニューグループ合計で売上構成比26％を達成できたら、他の取り組みについても徹底できるようになります。飲食店の場合、メニュー（商品）以外で、直接的にお客様に貢献できるものはありません。

▼BSEで売上を伸ばした焼肉店

BSE騒動のときに、いろいろな経営者の話を聞きました。「うちはいろいろな業種をやっていたため、リスクを分散できてよかった」、「一時的に豚をメインにしよう」、「焼鳥屋に業態変更する」といったお話です。

しかし一番影響を受けなかったのは、看板メニューにからめて牛肉とお客様の関係にこだわり、和牛をメインに据えた店でした。この店は、BSE騒動を機にすべてのメニューを和牛にし、かつ生産者を限定したものに切り替えました。多くの焼肉店が店を閉める中、この店の売上は右肩上がりを記録する結果となったのです。

1品を決めて、お客様に喜んでもらうにはどうしたらいいかを考えて行動していくことで、結果的には危機を回避できた事例といえます。

牛肉とお客様の関係にこだわる焼肉店のチラシ

〜安全・安心な牛肉を食べていただくために〜

牛肉のプロとして私が本当に安全・安心な牛肉は一部の国内産とオーストラリア産だと考えています。

残念ながら国内産の食肉産業は牛肉偽装事件のように不明朗な点が多い業界です。飼育状態が悪い所もまだ多くあります。しかし、味では国内産がやはり一番です。

そんな中で私は安全安心な牛肉を食べていただくために一頭一頭生産者がわかるトレビリティーを利用し自分の目で見てきた安心できる生産者の牛肉を一頭買付で競りで落札しているようにしております。

良いことにASの最高ランクを出す生産者の飼育場はとても清潔で大切に大切に育ててらっしゃいます。どうぞ安心して食べに来て下さい。

店主　藤　川

業態のライフサイクルを知ろう

▼ライフサイクルにより、新規客のタイプも異なる

商品や店自身のライフサイクルを知っておくと、タイミングを見失うことなく対策を打つことができます。

ライフサイクルは、導入期↓成長期↓成熟期↓衰退・安定期と進んでいきます。たとえば、キッズカフェは導入期、とんかつ店は衰退・安定期にあります。

導入期には、商品そのものの価値より新しさにひかれるお客様、成長期には、店が生活をより豊かにすると感じて来店されるお客様、成熟期には、良い評判を聞いて安くなったから行こうと考えるお客様、衰退・安定期には、その商品が心から好きか、近所にあるからというお客様が、それぞれメイン客として来店しています。

このため導入期には、店・業態に新しい時代を予感させるデザインの斬新さが求められ、成長期には、新しいおいしさを提供するため、主力商品群の価格帯を集中させ、かつ品揃えを強化していく必要があります。成熟期には、他店舗よりその楽しさの幅と深さがある、つまりオンリーナンバーワンがあり、安さ感もあることが重要で、衰退・安定期には、それに加えて商品の専門的なこだわりや接客で個別対応ができることが必要です。

▼看板メニューを軸に転換期を乗り切る

気をつけたいのは、導入期のお客様から成長期のお客様に移るとき、目新しいだけの自己満足な店舗のままだと店はブームで終わってしまうということです。

もちろんしっかりとお客様の生活に根付いている店もありますが、流行感覚だけで仕掛けたおにぎりカフェ、ジンギズカンなどの店は激減しました。ということは、当初から看板メニューづくりがしっかりとできていれば、ライフサイクルの転換期にさしかかっても、それを意識していることで生き残れるということです。

私は、業績不振のとんかつ店のコンサルティングをしたことがあるのですが、その店は業態が衰退・安定期にあるのにメニューは成長期のままで、松竹梅のグレード化もできておらず、看板メニューもありませんでした。このケースでは、ライフサイクルを意識できず、専門店化できなかったことがその不振の原因だったのです。

ライフサイクルに応じた集客の方法を

分類	導入→成長期	成熟期	衰退→安定期
市場特性	まだ、その商品・業態の存在と使用価値が伝わっていない	需要より供給が上回り、クローズする店が増え出す。低価格化と専門化の二極化が進む	新規利用者の減少。ほとんどがリピート購入。一部の低価格店舗とお客様に密着した専門店が残る
メイン客層	目新さを大切にする客層	使用価値を大切にする客層	個人に根ざした使用価値を大切にする客層 一般化により価格を大切にする客層
集客方法	先発企業はハイイメージ性で、後発企業は品揃えで集客	安いものから高いものまで、実質的なグレードにより品揃えの豊富さと専門性で集客	商品×従業員によりアプリケーションの高さ（個別対応力）による集客

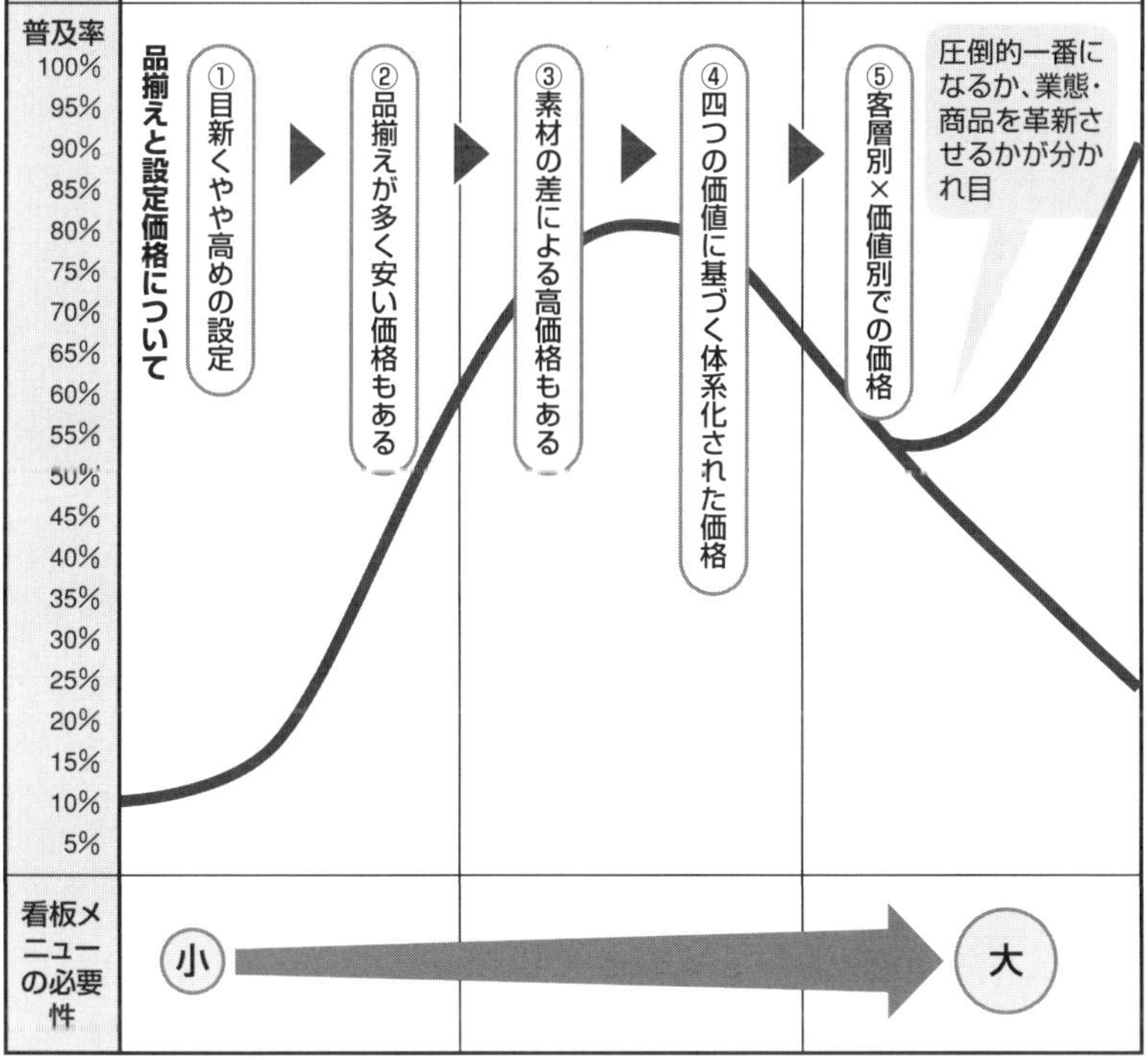
普及率
100%
95%
90%
85%
80%
75%
70%
65%
60%
55%
50%
45%
40%
35%
30%
25%
20%
15%
10%
5%
品揃えと設定価格について
①目新くやや高めの設定
②品揃えが多く安い価格もある
③素材の差による高価格もある
④四つの価値に基づく体系化された価格
⑤客層別×価値別での価格
圧倒的一番になるか、業態・商品を革新させるかが分かれ目
看板メニューの必要性
小
大

Section 08

店の四つのレベルを知り、看板メニューに活かそう

▼最安の店をベースに積み上げていく

一番安い店から一番高い店まで、看板メニューの料理を食べに行くと、いろいろなことが理解できます。ここでは一番安い店が重要です。それを基準に、良さを積み上げていくことを考えられるからです。

私は、一番安かろう悪かろう商品をスーパーエコノミー商品と呼んでいます。そのスーパーエコノミー商品から価格が上がっていくにつれて、①おいしさ、②体への良さ、③食べやすさ、④見栄えの良さの四つが、どう変化していくかを見ていくのです。

もちろん、その四つの要素もさらに細分化されていきます。讃岐うどんであれば、おいしさが麺のしこしこ感であったり、汁の味だったりします。それが看板メニューにおいて体系化できれば、商圏内のさまざまな競合に対して戦い、勝つことが容易になります。

▼店のレベルは店舗の発展パターン

このような分析を行なうと、店の商品の品揃えレベルには以下の種類があるとわかります。

レベル1　おしゃれだがわからない店→自己満足型店舗
レベル2　とにかく激安の店→目玉型店舗
レベル3　品揃えが豊富な店→品揃え型店舗
レベル4　看板メニューについてはグレードがある店→価値創造型店舗

これはそのまま店舗の発展パターンになり、このレベルを順に経験した店舗が強い店舗となります。簡単にいえば、レベル1で失敗し、レベル2で価格を下げることで多くのお客様のニーズを体験でき、レベル3でそれを商品に活かし、レベル4でメリットが高かったものを探求し、高粗利が取れるようにするという流れです。

来店するお客様は、自分たちが行くレベルの店を決めています。店側では高くないと思うのに「高い」というお客様の声が多ければレベル3への移り方が悪く、レベル2の価格を気にするお客様が、引き続き多く来店している可能性があります。

このように店のレベルを意識すれば、どのようなお客様を取り込むべきかがわかるようになるのです。

自店のレベルを意識してお客様を取り込もう

Lv.4 価値創造型
Lv.3 品揃え型
激安！
レストランテ
Lv.2 目玉型
Lv.1 自己満足型

看板メニューづくりは経営の根幹

▼どんな業種にも看板商品はある

私は業種を問わず、飲食店以外でも看板商品をつくることによる業績向上をお手伝いしています。まんが喫茶（家族で安心して入れる店舗）、製菓製パン（あんぱん）、店舗改装業（売上が上がる店舗改装）、アパレル（手づくりエプロン、帽子）、宝石（トリプルエクセレントダイヤ）、新築住宅（ベタ基礎4寸柱の在来工法）、住宅リフォーム（ひとまわり大きなユニットバス）、ペット（歯と毛並が違う犬用専門フード）、税理士事務所（巡回監査）、テニススクール（早くラリーができるノウハウ）と業種はさまざまですが、それぞれカッコ内に書いたような看板商品があります。

自分のこだわりとお客様のニーズの一致点である価値の高さを看板商品に表現していくことで、業種を問わず売上アップは可能です。そして私は、多くの業種を経験すればするほど、業種特性に縛られずに繁盛の法則が見えてきました。

そうはいっても私自身の看板商品は、飲食業の看板メニューによる売上・利益アップです。その部分で負けてしまえば、私の存在意義はありません。飲食業の皆様のおかげで自分のコンサルティングを深めることができたため、他業種にまで広げることができたわけです。つまり、私も皆様とまったく同じ立場なのです。

▼看板商品で負けてはいけない

当初、「1品で売上は上がらないよ」といわれたとき、「上がりますよ」といい切れませんでした。実績が少なかったこともありますが、ライフサイクルを考え、重層的に対策を立てることができなかったからです。

成長期から参入され成功された方には、1品で売上を上げるということはなかなか理解できませんが、導入期あるいは成熟期にその業種に参入して苦労し成功された方なら、お客様の「使用価値」で商品を見ることを体で理解しているはずです。成長期に波に乗って成功したものの、成熟期に入って対応策がないと考えている経営者の方に、本書からその突破口を見つけていただくことができれば幸いです。

価値と価格との関係で高く売ることを考えよう

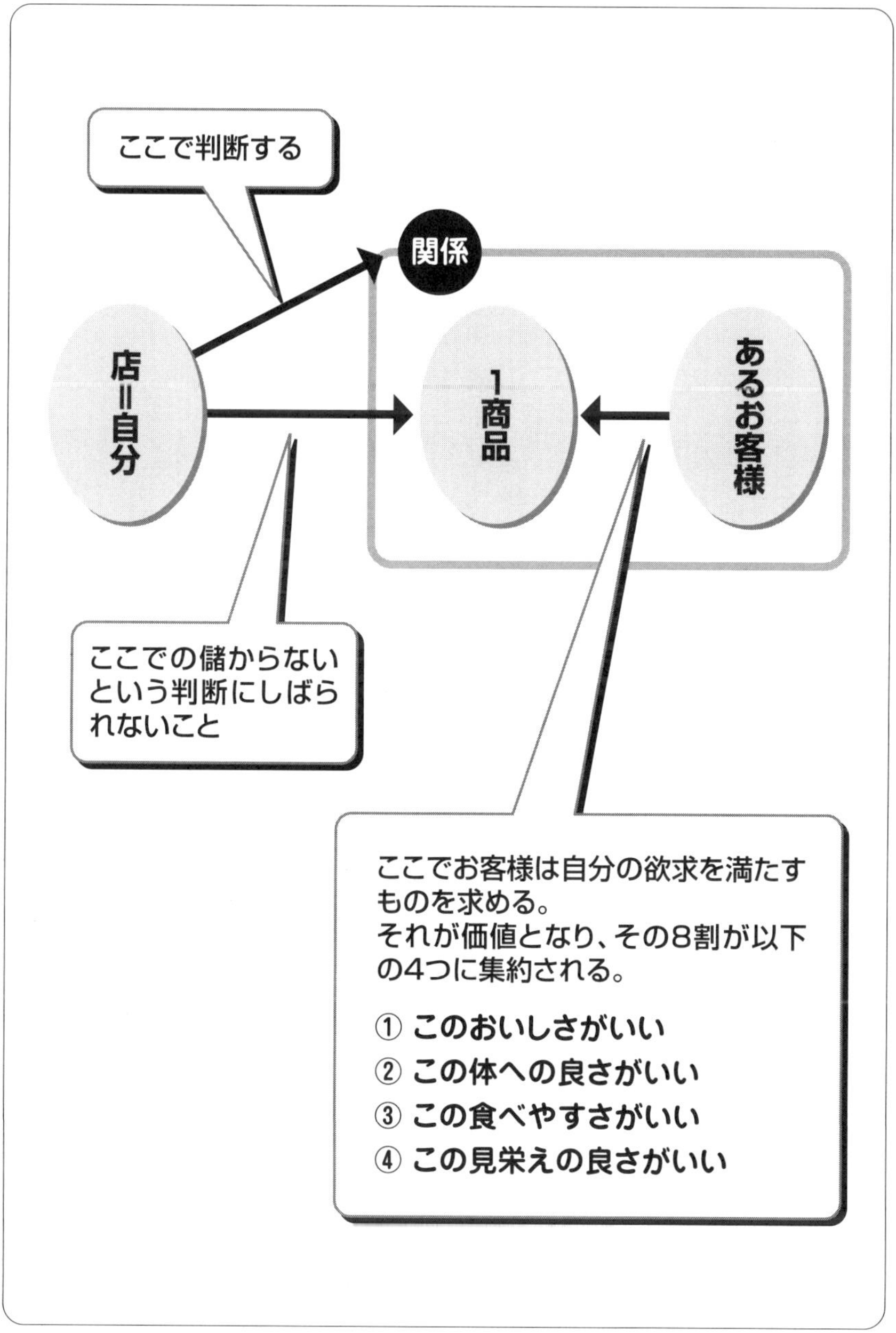
ここで判断する
関係
店＝自分
1商品
あるお客様
ここでの儲からないという判断にしばられないこと
ここでお客様は自分の欲求を満たすものを求める。
それが価値となり、その8割が以下の4つに集約される。
① このおいしさがいい
② この体への良さがいい
③ この食べやすさがいい
④ この見栄えの良さがいい

10年後も看板メニューで生き抜こう

▼これから10年後を見据えよう

10年後はどんな時代になっているでしょうか。マクロ的には中国の動向に左右され、中国を抜きにして日本は存在できない状況になっていくと思われます。中国の人口はざっと日本の10倍。優秀な人間も10倍います。

ただ、いくら中国が大国で長い歴史があろうとも、きめの細かい配慮の行き届いた商品づくりには、日本に一日の長があります。そのような優秀な商品を提供できる日本の会社は、日本国内はもとより中国相手でも大繁盛する一方、中国が国内でも調達できるレベルの商品を提供している日本の会社は、とても厳しい状況になっていくでしょう。その傾向はすでに出てきており、青森のあるりんご農家では、中国の富裕層が1個２５００円前後の値段で高級りんごを買ってくれるため、国内に出荷せず中国に輸出しています。

このような時代が来ようとも、看板メニューをひたすら磨くことができている人は、必ず生き残ることができ、繁盛します。逆に、進歩することをやめた人間は、安い輸入商品に負けてしまうことでしょう。

商売で儲けを出し幸せになるためには、飲食業に限らずそれぞれの業種で、オンリーナンバーワンの商品を提供することが求められるようになってきたのです。

▼価値の向上で生き残れ

飲食店であれば、おいしくて、体に良くて、食べやすく、見栄えが良い他社にない商品を、素早くかつフレンドリーに個別対応で提供できる店が生き残ります。

日本経済が全体的に下降していっても消滅するわけではありません。努力する余地はいくらでもあるのです。

ここまで高度化した飲食業で、価値の向上ではなく低価格化路線で成功できるのは大手の数社だけです。あなたの店がその大手数社でなければ、「今日来たお客様は看板メニューに満足したか？　何人に感動を与えられたか？　お客様から何を教えられて、それをどう改善していくか？」ということに向き合っていかなければなりません。それができる会社こそが、これからの時代も生き残っていけるのです。

価値の向上に取り組んで生き残ろう

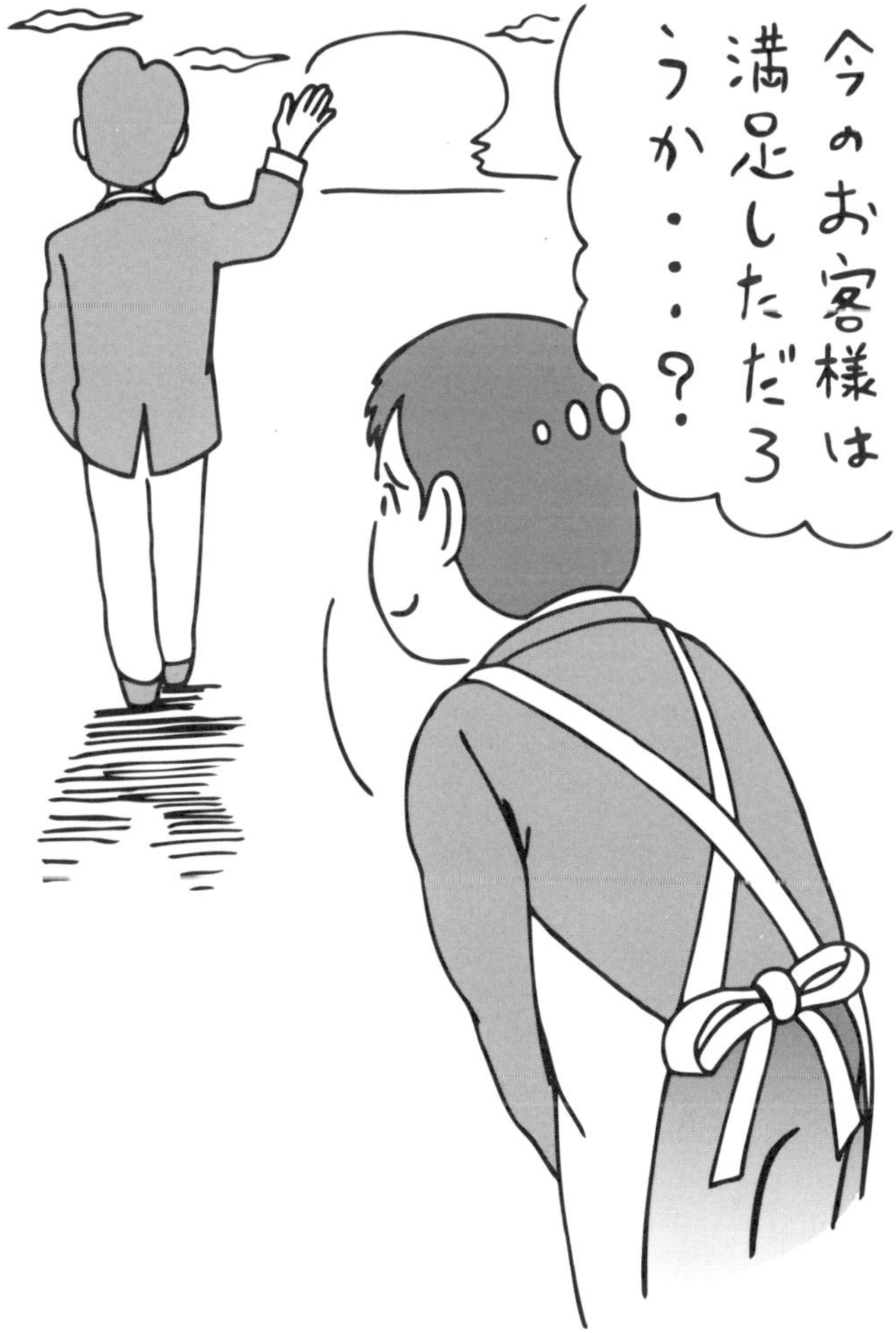
今のお客様は
満足しただろ
うか・・・？

著者略歴

宮内　海（みやうち　かい）

有限会社 経営コンサルティングアソシエーション 取締役経営支援部長。

1974年生まれ。大学卒業後、1998年ワタミ株式会社入社。店長を経験後、2000年株式会社船井総合研究所入社。2004年有限会社経営コンサルティングアソシエーション入社。現在に至る。

どのお店にも必ずある「看板メニュー」によるオンリーナンバーワンマーケティングと全国の繁盛店から導き出した法則との統合により、多くの飲食店活性化の成功事例を持つ。

連絡先

〒530-0003

大阪市北区堂島２丁目２番23号　白雲ビル303号

有限会社　経営コンサルティングアソシエーション

TEL 06-6344-3636

FAX 06-6344-7774

“看板メニュー”で繁盛飲食店にする法

平成19年７月９日　初版発行

著　者 ―― 宮内　海

発行者 ―― 中島治久

発行所 ―― 同文舘出版株式会社

東京都千代田区神田神保町1-41　〒101-0051
電話　営業03（3294）1801　編集03（3294）1803
振替00100-8-42935
http://www.dobunkan.co.jp

 ISBN978-4-495-57611-0

印刷／製本：三美印刷　Printed in Japan 2007